情報セキュリティ管理士 認定試験

公認テキスト

受験者必携!

佐藤京子
全日本情報学習振興協会

■ は じ め に ■

「情報」を取り扱うにあたり、さまざまな「危険」が身の回りに潜んでいます。例えば、身近なことでは、スマートフォン本体の盗難や紛失、SNS 利用による個人情報漏えいなどが挙げられます。また、ビジネスにおいても、書類の紛失やメールの誤送信、不正プログラムの感染や不正アクセスによる情報漏えいなど、さまざまなことが挙げられます。さらには、自身が被害に遭うだけではなく、不用意な情報発信や意図しないところでの不正プログラムの拡散など、加害者側に回ってしまうこともあるかもしれません。

このような「危険」を未然に防ぐことや、万が一「危険」に遭遇した場合にも被害を最小限に抑えることが「情報セキュリティ」と言えます。例えば、情報漏えい対策として、スマートフォンの PIN ロックやセキュリティソフトの導入、不正アクセスへの対策として、ファイアウォールの構築など、さまざまな技術的対策が必要となります。しかし、これらの技術的対策だけに頼っていれば「安全」というわけではありません。書類の紛失や SNS での不用意な発言などは、技術的対策では防ぐことはできないからです。

そのため、「情報セキュリティ」は、技術的対策だけではなく、組織的対策や人的対策、物理的対策を総合的に、バランスよく実施する必要があります。これらを体系的・総合的に実施するための「知識」が、さまざまな場面で広く求められています。さらに、これらの求められる「知識」は、ユーザ・管理者・エンジニアの3つの場面に大別することができると思います。

組織において、「ルールは守らなくても…」や「私一人くらいサボっても…」などと思う人が1人でもいたら、そのような人がその組織のセキュリティレベルとなってしまいます。そのような人にならないためにも、そのような人を指導するためにも、「ユーザ」として、「管理者」としての知識が必要となります。

本書は、「情報セキュリティ管理士認定試験」の対策用の書籍ではありますが、実務的な知識、つまり前述の「ユーザ」から「管理者」を主な対象として、さらに、「エンジニア」の基礎も含め、「情報セキュリティ」の組織的・人的・物理的・技術的対策において必要となる内容を解説しています。また、「情報セキュリティ」の知識だけではなく、情報リテラシーや情報モラルの向上にも役立てていただきたいため、認定試験対策に直結していない内容も記載しております。

本書での学習を通じて、「情報セキュリティ」の総合的な知識と理解を深めていただけると幸いです。

2024年3月

佐藤　京子

情報セキュリティ管理士認定試験について

■情報セキュリティ管理士認定試験とは

　ITが必須となっている現代において、情報セキュリティに関する知識として要求される範囲は年々広がっており、また従事する業務により、求められるスキルも多種多様となっています。しかも、こうした傾向はこれからも一層強まることは確実です。

　ITが必須となっている現代において、情報セキュリティに関する知識は、業種・業務を問わず全ての社員が理解を深めることが必要です。

　情報セキュリティ管理士認定試験は、企業ニーズに即して、個人レベルで身に付けるべき概要を網羅する内容となっています。近年の情報セキュリティインシデントを踏まえ、多岐にわたる脅威と求められる対策に加え、ソフト・ハード両面の知識を修得できるよう配慮しています。

　試験合格により、セキュリティ対策の管理職・リーダーとして必要不可欠な知識を有することを認定します。

■試験の日程

　年に4回実施致します。詳しい日程については、財団法人 全日本情報学習振興協会のホームページをご覧ください。

https://www.joho-gakushu.or.jp/

■試験概要

制限時間	120分
合格ライン	出題分野Ⅰ～Ⅳの正解が各々70%以上
合格発表	試験より約1ヶ月後にホームページ上で発表します。
検定料金	10,000円（税抜き）
受験資格	国籍・年齢等に制限はありません。

■申し込み方法

　当協会で交付する受験申込書に所定の事項を記入しお申込みいただくか、ホームページ上の所定のフォームでお申込みください。

●出題内容

I．情報セキュリティ 総論	● 情報セキュリティと情報資産 ● 情報セキュリティの3要素 ● 情報セキュリティの7要素 ● 守るべき情報資産 ● リスクマネジメント ● リスクアセスメント ● リスク対応 ● 組織における情報セキュリティ対策 ● 情報セキュリティマネジメントシステム ● 情報セキュリティ関連法規 ● ストラテジ ● QC七つ道具 ● 新QC七つ道具
II．脅威と情報セキュ リティ対策①	● 人的脅威 ● 従業員の監督 ● 委託先の監督 ● SNS利用における脅威と対策 ● ゾーニング ● 入退管理 ● オフィス内での対策 ● モバイル機器の利用管理 ● システム障害や災害などへの対策 ● 建物や設備への対策 ● システム障害への対策 ● 事業継続

Ⅲ. 脅威と情報セキュリティ対策②	• コンピュータ利用者の管理 • 本人認証 • パスワードによる認証 • アクセス制御 • 不正プログラムの脅威と対策 • マルウェアの脅威 • 不正プログラムの対策 • 外部からの攻撃と対策 • 電子メールの脅威 • 不正アクセス • サイバー攻撃 • 無線 LAN の脅威と対策 • 障害対策 • 電子媒体の管理 • 暗号技術 • 認証技術 • セキュアな通信技術
Ⅳ. コンピュータの一般知識	• OS に関する知識 • アプリケーションに関する知識 • ハードウェアに関する知識 • コンピュータシステムに関する知識 • 通信・ネットワークに関する知識 • データベースに関する知識 • ICT・IoT などに関する知識

●問い合わせ先
一般財団法人 全日本情報学習振興協会
ホームページ　https://www.joho-gakushu.or.jp/
電話番号　03-5276-0030

目　次

Ⅰ．情報セキュリティ総論

Ⅱ．脅威と情報セキュリティ対策①

Ⅲ．脅威と情報セキュリティ対策②

Ⅳ．コンピュータの一般知識

I. 情報セキュリティ総論

Chapter

I

Information Security
Managing Executive

第1章 情報セキュリティと情報資産

第1節　情報セキュリティとは

　「情報セキュリティ」とは、広義に捉えると「さまざまなリスクから情報資産を守ること」であり、JIS Q 27000:2019（情報技術－セキュリティ技術－情報セキュリティ マネジメントシステム－用語）においては、「情報セキュリティ」は次のとおり定義されている。

> **情報セキュリティ**
> 情報の機密性、完全性及び可用性を維持すること。
> ・**機密性**（confidentiality）
> 　認可されていない個人、エンティティ又はプロセスに対して、情報を使用させず、また、開示しない特性。
> ・**完全性**（integrity）
> 　正確さ及び完全さの特性。
> ・**可用性**（availability）
> 　認可されたエンティティが要求したときに、アクセス及び使用が可能である特性。
>
> ※エンティティ
> 　エンティティは、"実体"、"主体"などともいう。情報セキュリティの文脈においては、情報を使用する組織及び人、情報を扱う設備、ソフトウェア及び物理的媒体などを意味する。

1　情報セキュリティの3要素

　機密性・完全性・可用性は、情報セキュリティの3要素と呼ばれ、これらの確保を行いつつ、正常に維持することが「情報セキュリティ対策」ともいえる。また、情報セキュリティの3要素は、それぞれの頭文字をとり、「情報のCIA」などとも呼ばれる。

・**機密性**

　正当な権限をもっている者のみ、その情報資産へのアクセスを許可することで

ある。例えば、安易なパスワードを設定しない、アクセス権限を適切に設定する、情報を保存している記録媒体はアクセスコントロールされた場所に保管する、情報を暗号化することなどにより、機密性を保持する。

・完全性
情報や情報システムの処理方法などが、正確で完全であるようにすることである。 例えば、Web サイトが改ざんされないような仕組みにする、誤入力がないようにダブルチェックを徹底する、データのバックアップを定期的に取得することなどにより、完全性を保持する。

・可用性
情報や情報システムを、必要なときに必要な者が利用できるようにすることである。 例えば、自然災害やシステム障害に備えてシステムを二重化する、ハードディスクを RAID で構成する（バックアップ含む）、クラウドサービスを利用することなどにより、可用性を確保する。

　これらの要素は独立しているものではなく、それぞれで補い合う場合もある。例えば、バックアップの取得は、完全性と可用性を保持するためにも必要であり、アクセス権限を設定することにより、情報漏えいの対策だけではなく、不正な改ざんへの対策にもなり得る。そのため、これらの 3 要素に対する対策をバランスよく実践していくことが重要となる。

2　情報セキュリティの 7 要素
　情報セキュリティの定義として、JIS Q 27000:2019では、注記として「さらに、真正性、責任追跡性、否認防止、信頼性などの特性を維持することを含めることもある。」と示されている。これらの要素についても、次のとおり定義されている。

・真正性 （authenticity）
エンティティは、それが主張するとおりのものであるという特性。
・責任追跡性 （accountability）
あるエンティティの動作が、その動作から動作主のエンティティまで一意に追跡できることを確実にする特性。（JIS Q 13335-1:2006）
・否認防止 （non-repudiation）
主張された事象又は処置の発生、及びそれらを引き起こしたエンティティを証明する能力。

・信頼性（reliability）
　意図する行動と結果とが一貫しているという特性。

　前述の3要素と併せ、真正性・責任追跡性・否認防止・信頼性を「情報セキュリティの7要素」と呼び、組織の規模や業種、情報資産などに応じて、これら4つの要素についても、バランスよく対策を講じる必要がある。

第2節　守るべき情報資産

　企業や組織において、経営情報や営業情報、社員情報、顧客情報など、業務を遂行するうえで必要となる情報を**情報資産**という。また、これらの情報資産は、目に見えるものもあれば、目に見えない（直接的に判読できない）情報もあり、ハードウェア・ソフトウェア、デジタルデータ・紙媒体、ネットワークなど、さまざまな形態をとっている。さらに、企業において、販売ノウハウや特許、著作権、従業員のスキルなども情報資産に該当する。

　企業や組織にとって必要な情報資産を適切に管理するためには、情報がどのようなプロセス（局面）で利用され、管理されているかを把握する必要がある。それによって、どのような場面にリスクが発生しやすいか、どのように対策を講じればよいかを検討し、管理することができるようになる。

　一般的に、情報を利用する局面を、生成・利用・保存・廃棄の4つのプロセスで捉えることを、情報のライフサイクルといい、この情報のライフサイクルに沿ってデータを管理していくことを、情報ライフサイクル管理（ILM：Information Lifecycle Management）という。

【情報のライフサイクルの例】

　生成：取得、新規作成、複写による作成
　利用：編集・加工、参照、複製、移送
　保存：バックアップ／アーカイブ、格納
　廃棄：消去、削除

Column CSR（Corporate Social Responsibility）

　企業の社会的責任のことである。企業が社会に与える影響に対して責任を果たし、社会の持続的発展のために貢献することや、そのような考えに基づき、実践する活動を指す場合もある。

　また、情報漏えいなどの情報セキュリティに関する事件や事故が発生した場合、その影響は当事者の企業だけではなく、関連企業や顧客、取引先などにも及び、さらには、社会全体に影響を及ぼすことがある。そのため、情報セキュリティに関する体制を整備し、情報セキュリティマネジメントシステムを構築して、事故などを起こさないようにする活動も、CSR の一環といえる。

第2章 リスクマネジメント

第1節 リスクとは

　「リスク」とは、一般的に「危険」や「危機」という意味であり、災害や事故・事件などによって、何らかの障害が発生する可能性を指す。

　情報セキュリティにおける**リスク**は、**脅威**が**ぜい弱性**をついてもたらす、情報資産への損害の可能性のことであり、企業や組織においては、業務の遂行に影響を与える、経済的な損失や機会損失などの、将来的に発生する危機の可能性といえる。また、リスクの大きさは、「被害の大きさ×発生確率（発生頻度）」で評価される。

　情報セキュリティにおける**脅威**とは、情報資産または企業・組織に危害を与える事象の潜在的な原因であり、**ぜい弱性**とは、脅威によって影響を受ける内在的な弱点のことである。

Reference：リスクの定義（JIS Q 27000：2019）

　目的に対する不確かさの影響。

- 注記1　影響とは、期待されていることから、好ましい方向又は好ましくない方向にかい（乖）離することをいう。
- 注記2　不確かさとは、事象、その結果又はその起こりやすさに関する、情報、理解又は知識に、たとえ部分的にでも不備がある状態をいう。
- 注記3　リスクは、起こり得る"事象"、"結果"、又はこれらの組合せについて述べることによって、その特徴を示すことが多い。
- 注記4　リスクは、ある"事象"（その周辺状況の変化を含む。）の結果とその発生の"起こりやすさ"との組合せとして表現されることが多い。
- 注記5　ISMSの文脈においては、情報セキュリティリスクは、情報セキュリティ目的に対する不確かさの影響として表現することがある。
- 注記6　情報セキュリティリスクは、脅威が情報資産のぜい弱性又は情報資産グループのぜい弱性に付け込み、その結果、組織に損害を与える可能性に伴って生じる。

Column セキュリティインシデント

　情報の利用や情報の管理、情報システムの運用などに関して、情報セキュリティ上の脅威となることを指す。単に「インシデント」と略す場合もある。

　JIS Q 27000：2019においては、次のように定義している。

【情報セキュリティインシデント】

　望まない単独若しくは一連の情報セキュリティ事象、又は予期しない単独若しくは一連の情報セキュリティ事象であって、事業運営を危うくする確率及び情報セキュリティを脅かす確率が高いもの。

1　リスクの種類

　リスクは、次の表のように、さまざまな分類方法がある。

【リスクの分類例】

分類方法	リスクの種類	概要
損失の有無	投機的リスク	損失だけではなく、利益を得る機会があるリスク 例：新規事業、商品開発
	純粋リスク	損失のみが発生するリスク 例：火災や事故、不正プログラム感染
発生する場所	内的リスク	企業や組織内で発生するリスク 例：従業員による情報漏えい
	外的リスク	外的要因により発生するリスク 例：外部からの不正アクセス
企業活動	戦略リスク	経営者の意思決定にかかわるリスク
	財務リスク	企業や組織の財務に関わるリスク
	オペレーショナルリスク	業務活動が要因となり発生するリスク
	ハザードリスク	自然災害や事故などによるリスク

※情報セキュリティにおいては、主に純粋リスクに対して管理を行うため、本書では原則として純粋リスクを前提として記述する。

Reference：企業活動によるリスクの例

●戦略リスク
　ビジネス戦略：企業買収、新規事業、設備投資、技術革新
　政治：法制度の改正、政変・テロ　　　　**経済**：景気変動、資材の高騰
　社会：不買運動、反社会勢力による恐喝　**市場**：価格戦略の失敗、製品の不発
●財務リスク
　決済：取引先倒産、不動産価格変動　　　**経済**：金利変動、為替変動
●オペレーショナルリスク
　法務・倫理：著作権侵害、不正取引、不当な利益供与、社内不正
　労務・人事：性差別、国籍差別、セクハラ、パワハラ、ストライキ、伝染病
　製品サービス：リコール、顧客情報漏えい、プライバシー侵害、事務的ミス
　環境：環境汚染、廃棄物処理、環境規制強化、公害
　経営陣：乱脈経営、スキャンダル、粉飾決算
●ハザードリスク
　事故・故障：火災、業務中の交通事故、労災事故、設備故障
　自然災害：竜巻、地震、津波、洪水、異常気象、天候不良
　情報システム：誤作動、機器の故障、サイバーテロ、不正プログラム感染

第2節　リスクマネジメント

　「リスクマネジメント」とは、リスクを効果的に管理するためのプロセスである。

　リスクマネジメントプロセスは、一般的に、**リスク基準**を決定し、**リスクアセスメント**（リスクの特定→リスク分析→リスク評価）を行い、リスクアセスメントの結果に基づきリスクを対処し（**リスク対応**）、リスク対応後に残るリスク（**残留リスク**）を認識し、継続してリスクを監視するなどの一連の流れである。

　JIS Q 31000：2019（リスクマネジメント－指針）において、リスクマネジメントプロセスを、次のように図式化している。

【リスクマネジメントプロセス（JIS Q 31000：2019参考）】

Figure labels: 適用範囲、状況、基準 / リスクアセスメント / リスク特定 / リスク分析 / リスク評価 / リスク対応 / 記録作成及び報告 / コミュニケーション及び協議 / モニタリング及びレビュー

Column リスク基準

　リスクの重大性を評価するための、目安や条件のことである。

　企業・組織の方針や、JIS などの規格、業界標準、法律、その他の要求事項などを加味して決定する場合もある。

第3節　リスクアセスメント

1　リスクアセスメントプロセス

●リスク特定

　企業・組織が保有している情報資産に関するリスクを洗い出すプロセスである。リスクを発見して認識し、リスクの一覧表などを作成して記録する。

●リスク分析

　特定したそれぞれのリスクの発生確率と影響度（損害の大きさ）から、リスクレベルを決定するプロセスである。影響度は、「高・中・低」などの比較で表す場合や、金額で算出する場合がある。

●リスク評価

　分析したリスクに対し、リスク基準と比較し、そのリスクが受容可能か、または許容可能かを決定するプロセスである。あらかじめ定めた評価基準などにより、リスク対応の要否やリスクの重要度などを判定し、リスク対応の選択肢の検討や、対策の優先度の決定などを行う。

2　リスク分析手法

　リスク分析にはさまざまな手法があるが、大別すると**定性的リスク分析手法**と**定量的リスク分析手法**に分類することができる。

　定性的リスク分析手法は、リスクの大きさを「高・中・低」などで評価したり、相対的な数字で表す方式である。評価の基準値を設定しやすいことから、実務で用いられることが多い。

　一方、定量的リスク分析手法は、リスクの大きさを発生確率や損失金額などの具体的な数値で表す手法である。分析の結果はわかりやすいが、基準値の設定や分析結果の妥当性を検証することが難しい。

　主な分析手法には、次のようなものがある。

● GMITS のリスク分析手法

　GMITS（Guidelines for the Management for IT Security）は、ISO（国際標準化機構）のテクニカルレポート「ISO/IEC TR13335」のことを指し、日本では「TR X 0036」として規格化されている。

　TR X 0036の標題は、「IT セキュリティマネジメントのための手法」であり、第3部「IT セキュリティマネジメントのための手法」では、次の4つの手法を規定している。

①ベースラインアプローチ

　セキュリティ関連の基準やガイドラインなどを基に、独自の対策基準（ベースライン）を策定し、それに沿ってリスク分析を行う手法である。実施が比較的容易であり、時間やコストがあまりかからないというメリットがあるが、設定したベースラインが低すぎるとセキュリティ対策が不十分になったり、高すぎると実現不可能な対策になったりする場合がある。

②詳細リスク分析

　情報資産を洗い出し、個々の情報資産に対する脅威とぜい弱性を特定してリスクを分析する手法である。厳密なリスク分析を行うため、適切な管理策が選択できるというメリットがあるが、分析を行うための時間とコストが膨大になり、緊急に対応する必要があるリスクに対し、処置が遅れる場合がある。

③非形式的アプローチ

リスク分析に精通した担当者の知識と経験に基づいて、リスク分析を行う手法である。組織内に適任者がいない場合は、外部のコンサルタントなどに委託する。担当者の経験・判断により分析を行うため、短期間での実施が可能で費用対効果に優れているというメリットがあるが、個人の判断に頼るため、客観性が失われる可能性があり、分析の一貫性を保てない場合もある。

④組合せアプローチ

複数の手法を組み合わせて分析を行う手法であり、GMITS が推奨しているのは、重要な情報資産に対しては詳細リスク分析を採用し、それ以外の情報資産に対しては、ベースラインアプローチを採用する方法である。このような組合せにより、時間やコストを削減でき、精度の高い分析を行うことができるようになる。

Column　GMITS と MICTS

GMITS（ISO/IEC TR13335）は、5 部構成であったが、その後第 1 部と第 2 部、第 3 部と第 4 部が統合され、それぞれ MICTS（Management of ICT Security）の第 1 部、第 2 部となった。

MICTS の第 1 部は「ISO/IEC 13335-1」として改訂され、さらに JIS 化されて「JIS Q 13335-1」となった。MICTS の第 2 部は「ISO/IEC 13335-2」として改訂されたが、情報セキュリティマネジメントに関する規格であることから、ISO/IEC 270005 と改番して発行された。

GMITS は、「ISO/IEC TR13335（TW X 0036）を指し、規格自体は廃版となっているが、現在でも用いられている情報セキュリティマネジメントにおける概念や手法などについて規定しているため、本章では GMITS の内容を取り上げている。

●その他のリスク分析手法

①プライバシー影響分析（PIA：Privacy Impact Analysis）及びデータ保護影響分析（DPIA：Data Protection Impact Analysis）

情報が扱われる方法によって生じる人々のプライバシーへの潜在的悪影響の制限を目的とした、プロセス及び関連する情報資産等における高リスクの結果を判断するために使用する手法である。

②故障モード・影響解析（FMEA：Failure Mode and Effects Analysis）

プロセスやシステムの故障や不具合などの防止を目的とした手法であり、故障モード（故障している状態や正しく動作していない状態）と、それがどのように発生するか、どのような影響があるかを分析する。

●**定量的リスク分析手法**

① ALE（Annualized Loss Expectancy）

　　米国標準技術院（NIST）が推奨する、金額でリスクを算出する手法である。リスクが発生した際の年間の予想損失額（ALE）を求めることにより、年間のセキュリティ予算を決定するための指標やセキュリティ対策の費用対効果を測定するための指標となる。ALE は、次のようにして求められる。

ALE（年次損失予測）＝ SLE（単一損失予測）× ARO（年次発生率）

・SLE（Single Loss Expectancy ＝ AV（資産価値）× EF（資産損失確率）

　　　AV（Asset Value）＝資産価値

　　　EF（Exposure Factor）＝特定の脅威によって起こる資産損失の割合

・ARO（Annualized Rate of Occurrence）＝ 1 年間に脅威が発生する頻度の推定値

② **FTA**（故障の木解析／フォールトツリー解析）

　　フォールトツリーと呼ばれる樹形図を用いて、システムに起こり得る望ましくない事象を想定し、その発生要因を上位のレベルから下位のレベルに論理展開する手法である。最下位の問題事象の発生頻度から最初に想定した特定故障・事故の発生確率を算出して、同時に故障・事故の因果関係を明らかにしていく。

③ **ETA**（事象の木解析／イベントツリー解析）

　　イベントツリーと呼ばれる樹形図を用いて、ある故障や事故の発生を想定し、それに引き続いて起こる事象の確率を考えることにより、結果に至る過程とその発生確率を明らかにする手法である。

Column リスク特定の手法

リスク特定の代表的な手法として、次のようなものがある。

●チェックリスト方式

　あらかじめ作成されたチェックリストを用いて、自組織や自部門の状況が該当するかをチェックする方式

●アンケート方式

　対象となる組織や部門などにあらかじめ作成したアンケートを実施し、その結果をもとに、リスクを洗い出す方式

これら以外にも、情報のライフサイクルに沿ってリスクを特定したり、業務に精通しているメンバーなどによってブレインストーミングを行い、リスクを特定したりする手法などもある。

第4節　リスク対応

　リスクアセスメントの結果をもとに、リスクをどのようにして処理するかを決定していかなければならない。JIS Q 31000：2019においては、「リスク対応の意義は、リスクに対処するための選択肢を選定し、実施することである」と示されている。さらに、リスク対応には、選択した対応策の有効性の評価や**残留リスク**が許容可能かどうかの判断なども含まれる。

1　4つのリスク対応策

　リスク対応の選択肢は、次の図に示すように、リスク回避・リスク低減・リスク移転・リスク保有の4つに分類することができる。

【リスクマップによる対応選択の例】

●リスク回避

　リスクが発生する状況に巻き込まれないように対処することであり、リスクのある状況から撤退することや、脅威発生の要因を停止することなどを行い、想定されるリスクそのものをなくす対策を行う。

【具体例】
・業務上参照されなくなった個人情報を、ファイルサーバから廃棄する。
・新規事業に関するリスクの管理策にコストがかかりすぎて利益が見込まれないため、その新規事業を中止する。
・データセンターの付近は水害の発生頻度が高く、発生時の損失が大きいた

め、そのデータセンターを雨の少ない地域に移設する。

●リスク低減

　リスクの発生確率やリスクが発生した場合の影響などを最小化（最適化）することであり、ぜい弱性に対する対策を行うことにより、脅威の発生の可能性を下げ、リスクを許容可能なレベルまで下げる対策を行う。

【具体例】

・不正アクセスなどに備え、ファイルサーバのデータは暗号化する。

・不正侵入に備え、データセンターの入口は多要素認証を用いた入退管理システムを導入する。

・従業員に対する教育を定期的に実施し、セキュリティに関する意識を高め、不正行為を抑制する。

●リスク移転

　リスクを他社などに移したり、リスクが発生した際の損失の負担や利益の恩恵などを他社と共有することであり、保証能力のある他社に業務のアウトソースをしたり、保険の契約などによりリスクの移転や共有を行う。

【具体例】

・システム障害や自然災害などに備え、自社のファイルサーバを、専門業者のデータセンターに設置して遠隔で利用する。

・個人情報の取扱い業務を外部に委託する際、情報漏えいの発生時の責任を明記した契約書を取り交わす。

・不正アクセスなどのサイバー攻撃に備え、サイバーリスク保証型の保険に加入する。

●リスク保有

　リスク評価の結果、対策にコストがかかりすぎる場合や適切な対策が見当たらない場合、リスクがもつ影響力が小さい場合などに、経営判断により対策を講じずにそのリスクを受容することである。

　受容されているリスクを対象とする場合は「**積極的保有**」といい、特定または受容されていないリスクを対象とする場合は「**消極的保有**」という。

2　リスクコントロールとリスクファイナンシング

　リスク対応の選択肢は、次の表に示すように、リスクコントロールとリスクファイナンシングの2つに大別する場合など、さまざまな分類方法がある。

【リスクコントロールとリスクファイナンシングの分類】

分類	対策・手段	概要
リスクコントロール	リスク回避	リスク発生の要因を排除する対策
	リスク低減	対策を講じることで脅威の発生の可能性を下げる対策
	損失防止	損失の発生を未然に防止する対策や予防処置を講じて、全体のリスクを減らす対策
	損失軽減	事故が発生した際の損失拡大を防止または軽減し、損失規模を軽減させる対策
	リスク分離（分散）	リスクの発生要因を分離または分散させる対策
リスクファイナンシング	リスク移転	保険や契約などにより、リスクに伴う負担を他者と共有したり、第三者から損失補填を受けたりする方法
	リスク保有	対策を行わず、リスク発生に備え予算を計上し、損失を自己負担する方法

※リスクを4つに分類したうちのリスク回避・リスク低減・保険以外のリスク移転が、リスクコントロールに該当する。

3 残留リスク

　リスク対応後に残るリスクであり、リスク許容基準以下であるとして受容されるリスクと、リスク低減などを行った結果、残されるリスクが含まれる。JIS Q 31000：2019においては、「注記1：残留リスクには、特定されていないリスクが含まれることがある。注記2：残留リスクは、"保有リスク"としても知られている。」と示していて、残存リスクや残余リスクなどとも呼ばれる場合もある。残留リスクの承認については、経営陣による判断が必要である。

　残留リスクが存在する場合、それが企業・組織にどの程度影響を及ぼすかを検討しなければならない。検討の結果、必要に応じて、リスク低減などの、さらなる追加の対策を実施する。例えば、ノートパソコンからの情報漏えいの対策として、起動時のパスワードの設定など、技術的な対策を行ったが、従業員の誤操作や認識不足により漏えいする危険性があるので、教育や訓練などの複数の対策を実施する。

Column リスクコミュニケーション

　リスクの影響を受ける、またはリスクの影響を与える人たちなどのリスク関係者の間で、リスクに関する情報提供や情報交換などを行うことであり、リスクを管理する方法などの合意を得る活動でもある。リスクコミュニケーションの目的は、リスクの発見やリスクを特定するための情報収集、リスクに関する情報共有などにより、リスク発生の防止、リスク発生時の損害の回避や低減などを行うことである。

第 3 章

組織における
情報セキュリティ対策

第1節　情報セキュリティマネジメントシステム

　情報セキュリティマネジメントシステム（ISMS：Information Security Management System）とは、企業・組織の情報セキュリティを管理する仕組みであり、情報セキュリティを確保するために、組織的・体系的に取り組むことである。また、ISMS を構築し、情報セキュリティを確保・維持するためには、組織的・人的・物理的・技術的な視点からの対策を組織的に実施していかなければならない。

Reference：マネジメントシステムの定義（JIS Q 27000：2019）

方針、目的及びその目的を達成するためのプロセスを確立するための、相互に関連する又は相互に作用する、組織の一連の要素。
注記1　一つのマネジメントシステムは、単一又は複数の分野を取り扱うことができる。
注記2　システムの要素には、組織の構造、役割及び責任、計画及び運用が含まれる。
注記3　マネジメントシステムの適用範囲としては、組織全体、組織内の固有で特定された機能、組織内の固有で特定された部門、複数の組織の集まりを横断する一つ又は複数の機能、などがあり得る。

1　PDCA サイクル

　情報セキュリティ対策は、一度実施すれば終わりということではない。ISMS を構築し、維持するためには、PDCA サイクルを用いることが多い。

　PDCA サイクルは、計画・運用・点検・改善を実施していくことであり、このプロセス（サイクル）に沿ってマネジメントシステムを見直すことにより、セキュリティ対策を熟成させることができるようになる。つまり、ISMS は、PDCA サイクルを繰り返し行い、スパイラルアップさせて、管理・改善を行っていく必要がある。

　PDCA サイクルは、次のようなプロセスで実施される。

● Plan プロセス

　情報セキュリティのための組織体制を確立し、情報セキュリティポリシーを策定する。また、情報資産の洗い出しやリスクアセスメントなどを行い、管理

【PCDA サイクルの概念図】

策を選定し、情報セキュリティ対策の計画を策定する。

● Do プロセス

　情報セキュリティポリシーを企業・組織内に周知徹底し、従業員に対して情報セキュリティに関する教育を実施する。また、管理策を運用し、必要に応じてファイアウォールなどのセキュリティ装置の導入や、ソフトウェアの導入などを行う。

● Check プロセス

　情報セキュリティポリシーの遵守状況を評価し、情報セキュリティ対策が策定した計画通りに実施されているかを評価する。また、情報システムやネットワークシステムなどを監視し、情報セキュリティ監査を実施する。

● Act プロセス

　評価結果・点検や監査の結果をもとに、情報セキュリティ対策の見直しを行い、予防処置や改善処置を実施する。また、必要に応じて情報セキュリティポリシーの見直し・改善を行う。

　PDCA サイクルは、情報セキュリティ対策の場面のみで用いられるものではなく、リスクマネジメントや多くのマネジメントシステムでも用いられるものである。

第2節　組織体制の整備

　保護すべき情報資産について、機密性・完全性・可用性をバランスよく維持するためには、企業及び組織全体で情報セキュリティに関する対策に取り組まなければならない。そのためには、まず、組織体制を整える必要がある。

　組織体制の整備においては、経営層（トップマネジメント）を頂点とした、全社的に意思統一された実行可能な体制を構築しなければならない。さらに、情報セキュリティ対策の実施担当者とその役割及び責任を明確にして、情報セキュリティに関するルールを策定し、全社的に周知徹底する。

1 情報セキュリティのための体制

情報セキュリティ対策を推進する体制として、次のような組織構成がある。

●情報セキュリティ委員会

最高情報セキュリティ責任者をリーダとして、各部門のセキュリティ責任者で構成する組織であり、情報セキュリティポリシーの策定・承認・見直しなどを行う。また、従業員に対する情報セキュリティ対策の啓蒙や、情報セキュリティ環境の変化の監視、情報セキュリティポリシーの運用状況の点検などを行う。

●最高情報セキュリティ責任者

CISO（Chief Information Security Officer）とも呼ばれ、企業や組織内に設置する役職の一つであり、一般的に役員クラスが就任する。情報セキュリティを管掌し、情報システムやネットワークシステムなどに関するセキュリティ対策や、有事の際の対応などを統括する。

個人情報保護の観点から、**最高プライバシー責任者**（CPO：Chief Privacy Officer：**個人情報保護管理者**）などの役職を別に設置する場合も多い。

●情報セキュリティ監査責任者

企業・組織内のセキュリティ対策に関する運用状況が適切になされているか、情報セキュリティポリシーに沿って運用されているかなどを客観的に確認する。情報セキュリティ監査責任者は、被監査部門から独立していなければならず、職業倫理に従い、公正かつ客観的に監査判断をしなければならない。

【情報セキュリティ対策の組織構成例】

第3節　規程類の整備

　情報セキュリティ対策に全社的に取り組むためには、経営層を頂点として、明確に定められたルールに沿って行動することが重要となる。そのための指針となるのが、情報セキュリティポリシーである。

1　情報セキュリティポリシーの策定

　情報セキュリティポリシーは、経営層が情報セキュリティに取り組む姿勢を文書の形で明確に示すものである。また、その企業・組織の情報セキュリティ対策の方針や行動指針でもあり、取組みの基準やルール、手順などの総称である。
　情報セキュリティポリシーは、次の図に示すように、**情報セキュリティ基本方針**、**情報セキュリティ対策基準**、**情報セキュリティ実施手順**の3段階で構成され、ピラミッド型文書体系とするのが一般的である。また、基本方針と対策基準の2つを合わせて、情報セキュリティポリシーと呼ぶ場合もある。

【情報セキュリティポリシーの構成例】

●情報セキュリティ基本方針

　情報セキュリティ対策の目標とそれを達成するために取るべき行動を、企業・組織の内外に宣言するものである。また、情報セキュリティ対策基準などで規定されていないケースが発生した際に、情報セキュリティ基本方針を判断基準とする。

●情報セキュリティ対策基準

　情報セキュリティ基本方針で示した目的達成のために、何をしなければならないか、具体的な規定やルールを記述する。規程やルールは管理策のことであり、一般的に、組織的管理措置・人的管理措置・物理的管理措置・技術的管理措置などに分類される。

●情報セキュリティ実施手順

　情報セキュリティ対策基準で規定した管理策に対して、どのように実施すべきかの具体的かつ詳細な手順を記述する、マニュアルに位置づけられるような文書である。また、情報を記録するための台帳や、取扱い内容を記録するための様式類も含める場合もある。

　情報セキュリティポリシーは、一般的に、情報セキュリティ委員会で策定され、それを経営陣が承認する。その後、ポリシーに基づき情報資産を洗い出し、情報資産をリスクから保護するための対策を検討する。

　情報セキュリティポリシーは、一般的に、次のような手順で作成される。

【情報セキュリティポリシーの作成手順例】

2　情報セキュリティポリシーとプライバシーポリシー

　情報セキュリティポリシーは、企業・組織が保有する個人情報を含めたすべての情報資産に対して安全に管理することを定めた規程文書である。それに対し、プライバシーポリシーは、個人情報の利用目的や適正な取得など、企業・組織が個人情報をどのようにして取り扱うかを定めた規程文書のことであり、個人情報保護方針とも呼ばれる。

　これらの規程文書は、基本方針・対策基準・実施手順の3段階で構成されるピラミッド型文書体系であり、プライバシーポリシーには個人情報保護特有の項目を含むため、これら2つのポリシーは、一般的に個別に作成する。

第4節　評価と改善

　ISMSを構築し、情報セキュリティ対策を実施した結果、それが有効かどうかを評価する必要がある。その方法の一つとして、情報セキュリティ監査が挙げられる。また、監査などの評価結果をふまえ、経営層によるマネジメントレビューを行い、定期的に確認する。さらに、その結果に応じて、予防処置や改善処置などを行う。

　ISMSにおけるマネジメントレビューとは、経営層による見直しのことであり、監査結果や利害関係者（ステークホルダー）からの評価などをもとに、ISMSが適切に運用されているかどうか、経営層が判断することである。マネジメントレビューは、定期的に、少なくとも年1回以上実施する必要がある。

　企業・組織が活動を行ったときに影響を受ける関係者すべてであり、顧客・消費者・株主・取引先・委託元／委託先などが該当する。なお、ステークホルダーに、自社の従業員や地域住民、官公庁、研究機関などを含める場合もある。

　JIS Q 27000：2019においては、ステークホルダーを「ある決定事項若しくは活動に影響を与え得るか、その影響を受け得るか、又はその影響を受けると認識している、個人又は組織」と定義している。

1　情報セキュリティ監査

　情報セキュリティ監査は、監査の目的によって、**助言型監査**と**保証型監査**に大別することができる。助言型監査とは自社・自組織の情報セキュリティに対する助言を求める形式の監査であり、保証型監査とは、委託元や取引先などのステークホルダーが要求するセキュリティ水準にあることを保証する形式の監査である。

　監査を受けるにあたっては、助言型／保証型のいずれかをあらかじめ設定する必要があるが、一部分の助言と保証の混合という形態も認められる。

●情報セキュリティ監査の実施手順

　情報セキュリティ監査は、一般的に、次のような手順で実施される。

　監査計画の立案⇒監査手続きの実施（監査証拠の入手と評価）⇒監査調書の作成と保存⇒監査報告書の作成⇒監査報告書に基づくフォローアップ

●監査証拠

　監査証拠とは、監査調書を作成するもととなる記録や事実の記述などのことである。監査証拠は、関連書類の閲覧及び査閲、担当者へのヒアリング、現場への往査及び視察、システムテストへの立会、テストデータによる検証及び跡付け、ぜい弱性・システム侵入テストなどの方法を通じて入手される。

●監査調書

　監査調書とは、監査業務実施の記録であり、監査意見表明の根拠となるべき監査証拠、その他関連資料等を綴り込んだものをいう。また、監査人が直接入手した資料やテスト結果だけではなく、被監査側から提出された資料等を含み、場合によっては組織体外部の第三者から入手した資料等を含むことがある。

　なお、監査調書は、主として監査意見の根拠とするために作成されるが、それ以外にも次回以降の情報セキュリティ監査を合理的に実施するための資料として役立ち、また監査の品質管理の手段としても役立つ。

Column　監査証跡

　監査に必要となる追跡可能な証拠であり、時系列で順を追って再現し、検証することが可能な記録である。情報システムのアクセスログやトランザクションなどが該当し、入退室記録や教育実施記録、個人情報の授受記録、情報システムの利用申請書などの記録が監査証跡となる場合もある。

2　継続的改善

　情報セキュリティ監査などの点検・評価の結果、不適合が検出された場合は、それを改善しなければならない。不適合の原因を取り除き、再発を防止するための予防処置・改善処置を実施し、さらにその有効性のレビューを行う。

　また、セキュリティポリシーについても、ルールに則って運用するため、策定したルールが形骸化していないか、現状に則したものであるか、定期的な見直しを行い、それに対する継続的な改善が必要となる。見直しのタイミングついては、次のような契機で行うとよい。

●定期的な見直し

　日々の点検や情報セキュリティ監査の結果を確認することにより、定期的な見直しを行い、現状を把握して評価する。問題点や課題が把握できたら、それを分析し、改善策を講じる。改善策を採用してもリスクが増大しない、あるいは、採用することにより問題点や課題が解決されると判断できれば、それを規定などに反映し、その旨を全従業員へ周知する。

●外部の環境の変化に伴う見直し

　関連する法律や規格・基準などの改定、関連するガイドラインの更新などが発生した際、これらの変化に対応するため、情報セキュリティポリシーの見直しを行う。そのうえで、改定が必要となった場合は、規程文書や台帳、様式なども、その内容との整合性が取れているかを確認する。

●情報セキュリティインシデント発生に伴う見直し

　事件や事故（人的なミスや内部不正、情報システムの障害、外部からの攻撃などのセキュリティインシデント）などが発生した場合は、予防処置や改善処置を検討し、必要に応じて規程や手順、情報システムの設定などの見直しを行う。

3　緊急時の対応

　不正アクセスや不正プログラムによる情報の改ざん・流出、内部不正による情報の持出し、不注意による情報の消去などの事件や事故が発生した際には、迅速

かつ適切な対応が必要となる。

●緊急時対応計画

　緊急事態発生の状況においても、情報セキュリティを継続し、復旧させていくためには、事前の対応計画の策定が必要である。このような計画を緊急時対応計画といい、**コンティンジェンシープラン**（CP：Contingency Plan）とも呼ばれる。なお、自然災害などへの対応も含めた**事業継続計画**（BCP：Business Contingency Plan）に関しては、Ⅱ－3 天災・大規模災害への対策にて後述する。

　緊急時対応計画では、初期にどのように対応すべきかなどを中心に計画する。また、被害状況の調査手法や報告の手順なども定めておき、迅速に対応することが求められる。さらに、状況に応じて、関係省庁や所属団体などへの報告、外部に向けての公表を行う場合もある。

Reference：インシデントへの対応

　JPCERT/CC（Japan Computer Emergency Response Team Coordination Center）では、コンピュータセキュリティインシデントについて、対応における一般的な作業項目として、次の例を挙げている。

　　　－手順の確認
　　　－作業記録の作成
　　　－責任者、担当者への連絡
　　　－事実の確認
　　　－スナップショットの保存
　　　－ネットワーク接続やシステムの遮断もしくは停止
　　　－影響範囲の特定
　　　－渉外、関係サイトへの連絡
　　　－要因の特定
　　　－システムの復旧
　　　－再発防止策の実施
　　　－監視体制の強化
　　　　作業結果の報告
　　　－作業の評価、ポリシー・運用体制・運用手順の見直し
＜出典：https：//www.jpcert.or.jp/ed/2002/ed020002.txt ＞
　JPCERT/CC「技術メモコンピュータセキュリティインシデントへの対応」

　なお、JPCERT/CC（JPCERT コーディネーションセンター）とは、インターネットを介して発生する侵入やサービス妨害等のコンピュータセキュリティインシデントについて、日本国内に関するインシデント等の報告の受け付け、対応の支援、発生状況の把握、手口の分析、再発防止のための対策の検討や助言などを、技術的な立場から行う、特定の政府機関や企業からは独立した中立の組織である。

　また、JPCERT/CC では、インシデントに関する情報提供を Web フォームでも受

け付けている。
＜インシデントの報告（Web フォーム）：https：//form.jpcert.or.jp/ ＞

Reference：個人情報漏えい時の報告

　「個人情報の保護に関する法律」（個人情報保護法）において、個人データの漏えい等が発生し、個人の権利利益を害するおそれがあるときは、個人情報保護委員会への報告及び本人への通知が義務化されている。

　個人情報保護委員会（PPC：Personal Information Protection Commission）とは、個人情報（特定個人情報を含む）の有用性に配慮しつつ、個人の権利利益を保護するため、個人情報の適正な取扱いの確保を図ることを任務とする、独立性の高い機関である。

　個人情報保護委員会の公式サイトでは、漏えい等の報告に関して、「報告の対象となる事態」を掲載し、漏えい等の報告に必要となる「漏えい等報告フォーム」のダウンロードサイトや、報告を受け付けるフォームにアクセスできるようにしている。

　また、サイト内の「漏えい時の対応について（事業者編）」では、「報告先の概要」などで、対応時のフローなどがわかりやすく掲載されている。
＜個人情報保護委員会「漏えい等の対応とお役立ち資料」＞
　https://www.ppc.go.jp/personalinfo/legal/leakAction/

第1節　情報セキュリティ関連法規

　情報セキュリティを実施するにあたり、どのような行為が違法となるのか、またその行為に対する処罰を規定する法律に関する知識が必要となる。

1　サイバーセキュリティ基本法

　サイバーセキュリティに関する施策を総合的かつ効率的に推進するため、基本理念を定め、国の責務等を明らかにし、サイバーセキュリティ戦略の策定その他当該施策の基本となる事項等を規定した法律である。

　サイバーセキュリティとは何かを明らかにし、必要な施策を講じるための司令塔として、サイバーセキュリティ戦略本部を内閣に設置することが定められている。また、国民の努力義務として、基本理念にのっとり、サイバーセキュリティの重要性に関する関心と理解を深め、サイバーセキュリティの確保に必要な注意を払うよう努めることを規定している。

2　不正アクセス行為の禁止等に関する法律（不正アクセス禁止法）

　不正アクセス行為や、不正アクセス行為につながる**識別符号の不正取得・保管行為**、**不正アクセス行為を助長する行為**等を禁止する法律である。また、禁止行為の規定だけではなく、アクセス管理者に対して、不正アクセス行為からの防御措置を講ずべき責務があることも法律上明確にしている。

●識別符号

　コンピュータなどの特定電子計算機（ネットワークに接続されたコンピュータ）の特定利用をすることについてアクセス管理者の許諾を得た者ごとに定められている符号で、アクセス管理者がその利用権者等を他の利用権者等と区別して識別するために用いるものであり、みだりに第三者に知らせてはならないものとされている符号である。例えば、情報機器やサービスにアクセスする際に使用するユーザIDやパスワードなどが該当する。

●不正アクセス行為

　不正アクセス行為として、次の3点が規定されている。

・他人のユーザ ID やパスワードを無断で使用する行為

・セキュリティホールをついた直接侵入攻撃

・セキュリティホールをついた間接侵入攻撃

なお、不正アクセス行為は、いずれも電気通信回線（インターネットや、音声電話回線、社内 LAN などのネットワーク）を通じて行われるものが対象となるため、スタンドアロンのコンピュータを使用する行為や、ネットワークに接続されアクセス制御機能により特定利用が制限されているコンピュータであっても、当該コンピュータのキーボードなどを直接操作して無断で使用する行為は、不正アクセス行為に該当しない。

また、ユーザ ID・パスワードを不正に要求する行為も処罰の対象となり、これは、いわゆるフィッシング行為を禁止する規定である。

●不正アクセス行為を助長する行為

相手が不正アクセスに使う目的があることを知りながら、他人にユーザ ID・パスワード等を提供する行為は処罰の対象となる。これは、正規利用者に無断で、ユーザ ID・パスワードを口頭で伝えたり、インターネット掲示板に書き込んだり、情報を売買したりする行為が該当する。

3　個人情報の保護に関する法律（個人情報保護法）

個人情報の漏えいや不正利用などに対して、個人の権利を保護するために、個人情報を取り扱う事業者（個人情報取扱事業者）の遵守すべき義務等を規定している。義務規定として、利用目的の特定や利用目的による制限、適正な取得、安全管理措置、従業者の監督、委託先の監督、漏えい等の報告などが挙げられる。

当該法律は、3 年ごとの見直しによる改正が行われ、個人情報の定義の明確化や第三者提供における**仮名加工情報**の利用、オプトアウト手続きの厳格化、外国にある第三者への提供の規定等による流通の適正さの確保が図られた。さらに、**要配慮個人情報**に関する取得や第三者提供に関する規定、**匿名加工情報**の導入によるデータ利活用の推進などにより、法の整備が進められている。

当該法律で定義されている用語には、次のようなものが挙げられる（参考「個人情報の保護に関する法律についてのガイドライン（通則編）」）。

●**個人情報**（第 2 条 1 項）

生存する個人に関する情報であって、次の各号のいずれかに該当するものをいう。

①当該情報に含まれる氏名、生年月日その他の記述等（文書、図画若しくは電磁的記録に記載され、若しくは記録され、又は音声、動作その他の方法

を用いて表された一切の事項により特定の個人を識別することができるもの（他の情報と容易に照合することができ、それにより特定の個人を識別することができることとなるものを含む）

②個人識別符号が含まれるもの

【個人情報に該当する事例】

事例１）本人の氏名

事例２）生年月日、連絡先（住所・居所・電話番号・メールアドレス）、会社における職位又は所属に関する情報について、それらと本人の氏名を組み合わせた情報

事例３）防犯カメラに記録された情報等本人が判別できる映像情報

事例４）本人の氏名が含まれる等の理由により、特定の個人を識別できる音声録音情報

事例５）特定の個人を識別できるメールアドレス（kojin_ichiro@example.com 等のようにメールアドレスだけの情報の場合であっても、example 社に所属するコジンイチロウのメールアドレスであることが分かるような場合等）

事例６）個人情報を取得後に当該情報に付加された個人に関する情報（取得時に生存する特定の個人を識別することができなかったとしても、取得後、新たな情報が付加され、又は照合された結果、生存する特定の個人を識別できる場合は、その時点で個人情報に該当する。）

事例７）官報、電話帳、職員録、法定開示書類（有価証券報告書等）、新聞、ホームページ、SNS（ソーシャル・ネットワーキング・サービス）等で公にされている特定の個人を識別できる情報

●個人識別符号（第１条２項）

次の各号のいずれかに該当する文字、番号、記号その他の符号のうち、政令で定めるものをいう。

①特定の個人の身体の一部の特徴を電子計算機の用に供するために変換した文字、番号、記号その他の符号であって、当該特定の個人を識別することができるもの

②個人に提供される役務の利用若しくは個人に販売される商品の購入に関し割り当てられ、又は個人に発行されるカードその他の書類に記載され、若しくは電磁的方式により記録された文字、番号、記号その他の符号であって、その利用者若しくは購入者又は発行を受ける者ごとに異なるものとなるように割り当てられ、又は記載され、若しくは記録されることにより、

特定の利用者若しくは購入者又は発行を受ける者を識別することができるもの

● **要配慮個人情報**（第2条3項）

　本人の人種、信条、社会的身分、病歴、犯罪の経歴、犯罪により害を被った事実その他本人に対する不当な差別、偏見その他の不利益が生じないようにその取扱いに特に配慮を要するものとして政令で定める記述等が含まれる個人情報をいう。

　「政令で定める記述等」は、次に掲げる事項のいずれかを内容とする記述等とする。

　（本人の病歴又は犯罪の経歴に該当するもの。また、次の①～⑤は病歴や犯罪の経歴に準ずる例であり、これらも要配慮個人情報に該当する）

　①身体障害、知的障害、精神障害（発達障害を含む。）その他の個人情報保護委員会規則で定める心身の機能の障害があること

　②本人に対して医師その他医療に関連する職務に従事する者（次号において「医師等」という。）により行われた疾病の予防及び早期発見のための健康診断その他の検査（同号において「健康診断等」という。）の結果

　③健康診断等の結果に基づき、又は疾病、負傷その他の心身の変化を理由として、本人に対して医師等により心身の状態の改善のための指導又は診療若しくは調剤が行われたこと

　④本人を被疑者又は被告人として、逮捕、捜索、差押え、勾留、公訴の提起その他の刑事事件に関する手続が行われたこと

　⑤本人を少年法（昭和23年法律第168号）第3条第1項に規定する少年又はその疑いのある者として、調査、観護の措置、審判、保護処分その他の少年の保護事件に関する手続が行われたこと

● **個人情報データベース等**

　特定の個人情報をコンピュータを用いて検索することができるように体系的に構成した、個人情報を含む情報の集合物をいう。また、コンピュータを用いていない場合であっても、紙面で処理した個人情報を一定の規則（例えば、五十音順等）に従って整理・分類し、特定の個人情報を容易に検索することができるよう、目次、索引、符号等を付し、他人によっても容易に検索可能な状態に置いているものも該当する。

● **個人関連情報**

　生存する個人に関する情報であって、個人情報、仮名加工情報及び匿名加工

情報のいずれにも該当しないものをいう。

●匿名加工情報

　特定の個人を識別することができないように個人情報を加工したもので、当該個人情報を復元できないようにした情報のことをいう。本人かどうか一切分からない程度まで加工されたもので、個人情報には該当しない。

●仮名加工情報

　他の情報と照らし合わさない限り、特定の個人を識別できないように、個人情報を加工して得られる個人に関する情報のことである。例えば、元の個人情報の一部を削除したり、ID などのように記号で置き換えたりしたものがこれに該当する。

Column　Cookie

　Cookie とは、ユーザがアクセスした Web サイトの Web サーバから発行される小さなテキストファイルであり、ユーザを識別することにより、ユーザの利便性向上やユーザへの適切な情報を提供することを目的としている。Cookie には、その Web サイトにアクセスした日時や回数、アクセス時に入力した情報などが記録され、ユーザの Web ブラウザに保存される。

　Cookie は、それ単体で特定の個人を識別することはできないものの、特定の個人に関する情報であることから、「個人情報保護法」における「個人関連情報」に該当すると解される。さらに、同法において、Cookie で得た個人情報などを第三者に提供し、紐づける際には、本人の同意を得ることが必要になる。そのため、アクセスした Web サイトで、Cookie 使用の同意を求めるポップアップが表示されることが多くなっている。

4　刑法

　刑法には、コンピュータ犯罪にかかわる条文があり、電磁的記録（媒体に記録・保存されている電子データ等）や電子計算機（コンピュータ等）に関する犯罪行為や詐欺行為などに加え、コンピュータウイルスの作成・提供などに関しても処罰の対象としている。

●電磁的記録不正作出及び供用（第161条の2）

　事務処理を誤らせる目的で、電磁的記録を不正に作成する行為を処罰するものである。5 年以下の懲役または50万円以下の罰金に処せられるが、公務所または公務員により作られるべき電磁記録に関する場合は10年以下の懲役または100万円以下の罰金に処せられる。

●支払用カード電磁的記録不正作出等（第163条の2）

　　人の財産上の事務処理を誤らせる目的で、クレジットカードやキャッシュカード、プリペイドカードなどの偽造をする行為を処罰するものである。また、同様の目的で、クレジットカードなどを譲り渡し、貸し渡し、又は輸入した者も、処罰の対象となる。

●不正指令電磁的記録に関する罪（第168条の2・3）

　　正当な理由がないのに、コンピュータで実行することを目的として、コンピュータウイルスを作成・提供・取得・保管する行為を処罰するものである。

●電子計算機損壊等業務妨害（第234条の2）

　　コンピュータや電子データを破壊したり、不正なデータを投入することなどにより、業務を停止させたり妨害するなどの行為を処罰するものである。企業のWebページを改ざんする、またはその改ざんによって企業の信用を毀損する情報を流すことなどにより業務を妨害する行為などが該当する。

●電子計算機使用詐欺（第246条の2）

　　コンピュータに虚偽の情報や不正なコマンドを与えることなどにより、不正に利益を得る行為を処罰するものである。ネットバンキングで、自分の口座に他人の預金を不正に振り込む行為などが該当する。

5　特定電子メールの送信の適正化等に関する法律（特定電子メール法）

　　利用者の同意を得ずに広告、宣伝又は勧誘等を目的とした電子メールを送信する際の規定を定めた法律である。原則として、あらかじめ同意した者に対してのみ広告宣伝メールの送信が認められる「オプトイン方式」が導入されている。

●オプトイン／オプトアウト

　　・オプトイン　：未承諾の広告メールを送信してはならない。
　　・オプトアウト：未承諾で広告メールを送ってもよいが、拒否された場合には、速やかに登録を抹消しなければならない。

●義務付けの対象となる電子メール

　　スマートフォンやタブレット端末、携帯電話などで送受信するSMS（ショートメッセージサービス）も対象となり、他人の営業のために送信されるものも対象となるが、非営利団体や営業を営まない個人が送信する電子メールは対象外となる。

●表示義務

　同意を得て広告宣伝メールを送信する場合であっても、送信者には次の表示が義務付けられている（第4条）。
・メール本文に、送信者などの氏名または名称
・メール本文に、受信拒否の通知を受けるための電子メールアドレスまたはURL
・受信拒否の通知先の直前または直後に、受信拒否の通知ができる旨
・任意の場所に、送信者などの住所
・任意の場所に、苦情・問合せなどを受け付けることができる電話番号、電子メールアドレスまたはURL

6　特定電気通信役務提供者の損害賠償責任の制限及び発信者情報の開示に関する法律（プロバイダ責任制限法）

　特定電気通信による情報の流通（掲示板、SNSの書き込み等）によって権利の侵害があった場合について、特定電気通信役務提供者（プロバイダ、サーバの管理・運営者等）の損害賠償責任が免責される要件を明確化するとともに、プロバイダ等に対する発信者情報の開示を請求する権利、発信者情報開示命令事件に関する裁判手続について定めた法律である。

　また、「プロバイダ責任制限法の一部を改正する法律」においては、インターネット上の誹謗中傷などによる権利侵害について、より円滑に被害者救済を図るため、発信者情報開示について新たな裁判手続を創設するなどの制度的見直しを行っている。

●プロバイダ等の損害賠償責任の制限

　特定電気通信による情報の流通により他人の権利が侵害されたときに、関係するプロバイダ等が、これによって生じた損害について、賠償の責めに任じない場合の規定を設けるものである。

●発信者情報の開示請求

　特定電気通信による情報の流通により自己の権利を侵害されたとする者が、関係するプロバイダ等に対し、当該プロバイダ等が保有する発信者の情報の開示を請求できる規定を設けるものである。

●発信者情報開示命令事件に関する裁判手続

　一体的な手続による発信者情報の開示を可能とした「発信者情報開示命令事件」に関する手続等について定めたものである。

7 電子署名及び認証業務に関する法律（電子署名法）

電子商取引などのネットワークを利用した社会経済活動の更なる円滑化を目的として、一定の条件を満たす電子署名が手書き署名や押印と同等に通用することや、認証業務（電子署名を行った者を証明する業務）のうち一定の水準を満たす特定認証業務について、信頼性の判断目安として認定を与える制度などを規定した法律である。

● 電磁的記録の真正な成立の推定

「本人による一定の条件を満たす電子署名」がなされた文書は、本人による手書きのサインや押印がある文書と同様に、真正に成立したものと推定されることが定められている。

● 特定認証業務に関する認定の制度

認証業務（電子署名を確認するために用いる情報が本人に係るものであることを証明する業務）の認定を受けるためには、どのような技術・設備水準が必要なのかを示している。

第2節　ビジネス関連・コンテンツ関連法規

情報セキュリティ対策の目的の一つに、企業・組織が保有している情報資産を保護することが挙げられる。そのため、自社が保有している資産（知的財産など）を保護するため、あるいは、誤って他者の権利を侵害しないためにも、関連する法律に対する知識が必要となる。また、事業活動を健全かつ効率的に運営するための仕組みなども理解しておく必要がある。

1 知的財産保護

知的財産権は、人間の知的な活動から生じる創造物について与えられる財産権であり、著作権、産業財産権、トレードシークレット（営業秘密）の3つに大別される。

【知的財産の種類】

●著作権

著作権法は、創作された表現物（著作物）を保護する法律であり、著作権は特許権などとは異なり、申請や出願などが不要で、創作された時点で権利が発生する。

【保護対象】

保護の対象となる著作物であるためには、次の事項をすべて満たすものである必要がある。

- 「思想または感情」を表現したものであること
  （単なるデータは除かれる）
- 思想または感情を「表現したもの」であること
  （アイディア等は除かれる）
- 思想または感情を「創作的」に表現したものであること
  （他人の作品の単なる模倣は除かれる）
- 「文芸、学術、美術または音楽の範囲」に属するものであること

（工業製品等は除かれる）

具体的には、小説、音楽、美術、映画、コンピュータプログラム等が、著作権法上では著作物の例示として挙げられている。なお、コンピュータプログラムやデータベースは著作権法における保護の対象となるが、プログラム言語やアルゴリズム、規約、統計情報については、保護の対象とはならない。

【著作者】

次の2つに大別される。

・著作者：著作物を創作する者をいう。

　　　　　共同著作物については、共同で創作に寄与した者全員が一つの著作物の著作者となる。

・法人著作（職務著作）：次の要件をすべて満たす場合には、法人等が著作者となる。ただし、プログラムの著作物については（4）を満たさなくともよい。

　（1）法人等の発意に基づき作成されるもの

　（2）法人等の業務に従事する者により作成されるもの

　（3）法人等の従業者の職務上作成されるもの

　（4）法人等の著作名義の下に公表するもの

　（5）法人内部の契約、勤務規則等に、別段の定めがないこと

【著作者の権利】

著作者人格権とは、著作者だけが持っている権利で、譲渡や相続ができない。このような他者に移転しない権利を「一身専属権」という。一方、財産的な意味の著作権は、その一部または全部を譲渡や相続ができる。

・著作者人格権に含まれる権利

公表権	自分の著作物で、まだ公表されていないものを公表するかしないか、するとすれば、いつ、どのような方法で公表するかを決めることができる権利
氏名表示権	自分の著作物を公表するときに、著作者名を表示するかしないか、するとすれば、実名か変名かを決めることができる権利
同一性保持権	自分の著作物の内容または題号を自分の意に反して勝手に改変されない権利

・著作権（財産権）に含まれる権利（一部）

複製権	著作物を印刷、写真、複写、録音、録画などの方法によって有形的に再製する権利
公衆送信権	テレビやインターネットなどで、不特定多数に向けて著作物を発信する権利

頒布権	映画の著作物の複製物を頒布（販売・貸与など）する権利
貸与権	映画以外の著作物の複製物を公衆へ貸与する権利

●**特許権**

　特許法で保護の対象となるのは、「発明」である。この法律で「発明」とは、自然法則を利用した技術的思想の創作のうち高度のものをいうと定義されている（第2条1項）。

　従って、金融保険制度・課税方法などの人為的な取り決めや、計算方法・暗号など自然法則の利用がないものは保護の対象とはならない。また、技術的思想の創作であるため、発見そのもの（例えば、ニュートンの万有引力の法則の発見）は保護の対象とはならない。さらに、この「創作」は、高度のものである必要があるため、技術水準の低い創作は保護されない。

　特許を取得するためには、次の要件をすべて満たすものである必要がある。

　①発明であること

　②産業上の利用可能性があること

　③新規性を有すること（新しいものであること）

　④進歩性を有すること（容易に考え出すことができないこと）

　⑤先願であること（先に出願されていないこと）

　⑥公序良俗を害さないこと

●**実用新案権**

　実用新案法で保護の対象となるのは、「考案」（アイディア）である。この法律では、物品の形状、構造または組合せに係る考案の保護及び利用を図ることにより、その考案を奨励し、もつて産業の発達に寄与することを目的とする（第1条）として、「考案」とは、自然法則を利用した技術的思想の創作をいうと定義されている（第2条1項）。

　従って、物品の形状等に係るものであるため、方法に係るものは対象とならない。また、特許法の保護対象とは異なり、技術的思想の創作のうち高度のものであることを必要としない。

●**意匠権**

　意匠法で保護の対象となるのは、「物品のデザイン」である。この法律では、意匠の保護及び利用を図ることにより、意匠の創作を奨励し、もつて産業の発達に寄与することを目的とする（第1条）として、「意匠」とは、模様もしくは色彩もしくはこれらの結合、建築物の形状等または画像であって、視覚を通じて美感を起こさせるものをいうと定義されている（第2条1項）。また、物

品の「部分」のデザインも意匠に含まれるとしている。

　なお、同法の改正により、物品に記録・表示されていない画像や、建築物、内装のデザインについても、新たに意匠法の保護対象に加わっている。

●商標権

　商標法で保護の対象となるのは、商品やサービスに付ける「マーク」や「ネーミング」などである。この法律では、商標を保護することにより、商標の使用をする者の業務上の信用の維持を図り、もつて産業の発達に寄与し、あわせて需要者の利益を保護することを目的とする（第1条）として、「商標」とは、人の知覚によって認識することができるもののうち、文字、図形、記号、立体的形状もしくは色彩またはこれらの結合、音その他政令で定めるもの（標章）である（第2条1項）と定義されている。

　商標には、文字、図形、記号、立体的形状やこれらを組み合わせたものなどのタイプがあり、同法の改正により、動き商標、ホログラム商標、色彩のみからなる商標、音商標及び位置商標についても、商標登録ができるようになっている。

Column　その他の知的財産権

・回路配置権（半導体集積回路の回路配置法）
・育成者権（種苗法）
・地理的表示（地理的表示法など）
・商品表示・商品形態（不正競争防止法）
・商号（会社法・商法）

2　不正競争防止法

　事業者間の不正な競争を防止し、公正な競争を確保するための法律である。また、**営業秘密（トレードシークレット）**を保護することを目的としており、第三者が営業秘密を不正に入手・使用した場合、企業や組織に**差止請求権・損害賠償請求権**などが認められる。

●営業秘密

　営業秘密とは、著作権や商標権などでは保護の対象とはならない、企業や組織の重要な情報であるノウハウや技術情報、製品情報などである。

　同法により営業秘密として保護の対象となるためには、次の3つの要件を充たす必要がある。

・**秘密管理性**：秘密として管理されていること

その情報に合法的かつ現実に接触することができる従業員等からみて、その情報が企業にとって秘密としたい情報であることが分かる程度に、アクセス制限やマル秘表示といった秘密管理措置がなされている必要がある。

例えば、秘密保持契約などによる対象の特定や記録媒体への㊙表示、機密情報へのアクセス権限の設定などが挙げられる。

・**有用性**：有用な技術上または営業上の情報であること

その情報が客観的にみて事業活動に利用されていたり、利用されることによって、経費の節約、経営効率の改善等に役立つものである必要がある。この要件は、脱税情報や有害物質の垂れ流し情報等の公序良俗に反する内容の情報を、法律上の保護の範囲から除外することに主眼を置いたものである。

例えば、他社が保持していない重要な情報である顧客名簿や販売マニュアルなどが該当する。なお、現実に利用されていなくても良く、失敗した実験データというようなネガティブ・インフォメーションにも有用性が認められ得る。

・**非公知性**：公然と知られていないこと

合理的な努力の範囲内で入手可能な刊行物には記載されていないなど、保有者の管理下以外では一般に入手できないことであり、公知情報の組合せであっても、その組合せの容易性やコストに鑑み非公知性が認められ得る。例えば、特許権を取得していても、公開されている情報は非公知性が認められない。

● 不正競争行為の類型

この法律では、不正競争行為を内容によって、次の10類型に分類している。

① 周知表示混同惹起行為
② 著名表示冒用行為
③ 形態模倣商品の提供行為
④ 営業秘密の侵害
⑤ 限定提供データの不正取得等
⑥ 技術的制限手段無効化装置等の提供行為
⑦ ドメイン名の不正取得等の行為
⑧ 誤認惹起行為
⑨ 信用毀損行為
⑩ 代理人等の商標冒用行為

【不正競争行為の具体例】

・技術的制限手段回避措置提供行為

　　複製を可能にする一定の装置やプログラムを譲渡するなどの行為である。な
お、「技術的制限手段」とは、音楽・映画・写真・ゲーム等のコンテンツの無
断コピーや無断視聴を防止するための技術である。

・ドメイン名の不正取得等の行為

　　不正な目的で、他社の商品やサービスなどと同一・類似のドメイン名を使用
する権利を取得・保有またはそのドメイン名を使用する行為である。

・信用毀損行為

　　ライバル関係にある他社の信用を低下させる目的で、客観的事実に反する事
実を告知したり、偽りの情報を韻インターネット上などに流す行為である。

3　内部統制

　経営者が会社を効率的かつ健全に運営するための仕組みであり、企業の事業目
的や経営目標に対し、それを達成するために必要なルール、仕組みを整備し、適
切に運用することである。

　金融庁の「財務報告に係る内部統制の評価及び監査の基準」において、次のよ
うに定義されている。

　内部統制とは、基本的に、業務の有効性及び効率性、財務報告の信頼性、事
業活動に関わる法令等の遵守並びに資産の保全の４つの目的が達成されてい
るとの合理的な保証を得るために、業務に組み込まれ、組織内の全ての者に
よって遂行されるプロセスをいい、統制環境、リスクの評価と対応、統制活
動、情報と伝達、モニタリング（監視活動）及びIT（情報技術）への対応
の６つの基本的要素から構成される。

● ４つの目的

　　次の４つは、それぞれ固有の目的ではあるが、お互いに独立して存在するも
のではなく、相互に密接に関連している。

・業務の有効性及び効率性

　　業務の有効性及び効率性とは、事業活動の目的の達成のため、業務の有効
性及び効率性を高めることをいう。

・財務報告の信頼性

　　財務報告の信頼性とは、財務諸表及び財務諸表に重要な影響を及ぼす可能
性のある情報の信頼性を確保することをいう。

・事業活動に関わる法令等の遵守

　　事業活動に関わる法令等の遵守とは、事業活動に関わる法令その他の規範の遵守を促進することをいう。

・資産の保全

　　資産の保全とは、資産の取得、使用及び処分が正当な手続及び承認の下に行われるよう、資産の保全を図ることをいう。

● 6つの基本的要素

　基本的要素とは、内部統制の目的を達成するために必要とされる内部統制の構成部分をいい、内部統制の有効性の判断の規準となるものである。組織において内部統制の目的が達成されるためには、6つの基本的要素がすべて適切に整備及び運用されることが重要である。

・統制環境

　　組織の気風を決定し、統制に対する組織内のすべての者の意識に影響を与えるとともに、他の基本的要素の基礎をなし、リスクの評価と対応、統制活動、情報と伝達、モニタリング及びITへの対応に影響を及ぼす基盤をいう。

・リスクの評価と対応

　　リスクの評価とは、組織目標の達成に影響を与える事象のうち、組織目標の達成を阻害する要因をリスクとして識別、分析及び評価するプロセスをいい、リスクへの対応とは、リスクの評価を受けて、当該リスクへの適切な対応を選択するプロセスをいう。なお、リスクへの対応にあたっては、評価されたリスクについて、その回避、低減、移転または受容等、適切な対応を選択する。

・統制活動

　　経営者の命令及び指示が適切に実行されることを確保するために定められる方針及び手続をいう。統制活動には、権限及び職責の付与、職務の分掌等の広範な方針及び手続が含まれる。このような方針及び手続は、業務のプロセスに組み込まれるべきものであり、組織内のすべての者において遂行されることにより機能するものである。

・情報と伝達

　　必要な情報が識別、把握及び処理され、組織内外及び関係者相互に正しく伝えられることを確保することをいう。組織内のすべての者が各々の職務の遂行に必要とする情報は、適時かつ適切に、識別、把握、処理及び伝達されなければならない。

　　また、必要な情報が伝達されるだけでなく、それが受け手に正しく理解さ

れ、その情報を必要とする組織内のすべての者に共有されることが重要である。すべての者において遂行されることにより機能するものである。

・モニタリング（監視活動）

　内部統制が有効に機能していることを継続的に評価するプロセスをいう。モニタリングにより、内部統制は常に監視、評価及び是正されることになる。モニタリングには、業務に組み込まれて行われる日常的モニタリング及び業務から独立した視点から実施される独立的評価がある。両者は個別にまたは組み合わせて行われる場合がある。

・IT（情報技術）への対応

　ITへの対応とは、組織目標を達成するためにあらかじめ適切な方針及び手続を定め、それを踏まえて、業務の実施において組織の内外のITに対し適切に対応することをいう。ITへの対応は、内部統制の他の基本的要素と必ずしも独立に存在するものではないが、組織の業務内容がITに大きく依存している場合や組織の情報システムがITを高度に取り入れている場合等には、内部統制の目的を達成するために不可欠の要素として内部統制の有効性に係る判断の規準となる。

Column　ガバナンス

●コーポレートガバナンス
企業統治ともいい、ステークホルダーによって経営者を監視する仕組みのことであり、経営者が適切にマネジメントを行っているかをチェックし、不正行為を防止、あるいは適正な事業活動の維持・確保を実現することである。

●情報セキュリティガバナンス
コーポレートガバナンスと、それを支えるメカニズムである内部統制の仕組みを、情報セキュリティの観点から企業内に構築・運用すること（「企業における情報セキュリティガバナンスのあり方に関する研究会報告書」から引用）であり、経営者が企業戦略として情報セキュリティ向上に取り組むためのフレームワークである。

● ITガバナンス
企業が、経営目標を達成するために、ITを過不足なく活用することであり、情報システム戦略を策定し、戦略実行を統制する仕組みを確立するための組織的な仕組みである。ITガバナンスの成熟度を測るフレームワークとして、COBIT（Control Objectives for Information and Related Technology）がある。

第3節　ガイドライン・マネジメントシステム

　情報セキュリティに関連する、ガイドラインや規格・認定制度なども理解しておく必要がある。

1　OECD プライバシーガイドラインの 8 原則

　OECD（経済協力開発機構：Organisation for Economic Co-operation and Development）が採択した、「プライバシー保護と個人データの国際流通についてのガイドラインに関する理事会勧告」に記述されている 8 つの原則のことである。

　この原則は、世界各国の個人情報保護やプライバシー保護に関する法律の基本原則として取り入れられており、「個人情報保護法」もこの原則に則っている。

● 8 原則の概要

　各原則とその概要は、次のとおりである。

・収集制限の原則

　個人データを収集する際には、適法また公正な手段によって、個人データの主体（本人）に通知または同意を得て収集するべきである。

・データ内容の原則

　個人データの内容は、利用目的に沿ったものであり、かつ正確、完全、最新であるべきである。

・目的明確化の原則

　個人データを収集する目的を明確にし、データの利用は収集したときの目的に合致しているべきである。

・利用制限の原則

　個人データの主体（本人）の同意がある場合、もしくは法律の規定がある場合を除いては、収集したデータをその目的以外のために利用してはならない。

・安全保護の原則

　合理的な安全保護措置によって、紛失や破壊、使用、改ざん、漏えいなどから保護するべきである。

・公開の原則

　個人データの収集を実施する方針などを公開し、データの存在やその利用目的、管理者などを明示するべきである。

・個人参加の原則

　個人データの主体が、自己に関するデータの所在やその内容を確認できるとともに、異議を申し立てることを保証するべきである。

・**責任の原則**

　個人データの管理者は、これらの諸原則を実施する上での責任を有するべきである。

●「個人情報保護法」との対応

　「個人情報保護法」に規定されている個人情報取扱事業者の義務は、OECDプライバシーガイドラインの８原則と次のように対応している。

【個人情報保護法（令和五年法律第四十七号による改正）とOECD 8原則の対応】

OECD 8 原則	個人情報保護法
収集制限の原則	適正な取得（第20条） 取得に際しての利用目的の通知等（第21条）
データ内容の原則	利用目的による制限（第18条） データ内容の正確性の確保等（第22条）
目的明確化の原則	利用目的の特定（第17条）
利用制限の原則	利用目的による制限（第18条） 第三者提供の制限（第27条）
安全保護の原則	安全管理措置（第23条） 従業者の監督（第24条） 委託先の監督（第25条）
公開の原則	保有個人データに関する事項の公表等（第32条）
個人参加の原則	開示（第33条） 訂正等（第34条） 利用停止等（第35条） 理由の説明（第36条） 開示等の請求等に応じる手続き（第37条） 手数料（第38条）
責任の原則	個人情報取扱事業者による苦情の処理（第40条）

2　ISMS の標準化

　ISMSに関する国際規格群として、ISO/IEC 27000シリーズがあり、27000ファミリーと呼ばれる場合もある。2024年2月時点での最新バージョンは、ISO/IEC 27001：2022、ISO/IEC 27002：2022である。

　このシリーズを国内規格にしたものがJIS Q 27000シリーズであり、このシリーズには多くの規格が存在する。

● JIS Q 27000シリーズの規格

JIS Q 27000シリーズの代表的な規格として、次のようなものがある。

【JIS Q 27000シリーズの代表的な規格（2024年2月現在）】

規格番号	規格名称
JIS Q 27000：2019	情報技術－セキュリティ技術－情報セキュリティマネジメントシステム－用語
JIS Q 27001：2023	情報セキュリティ、サイバーセキュリティ、プライバシー保護－情報セキュリティマネジメントシステム－要求事項
JIS Q 27002：2014	情報技術－セキュリティ技術－情報セキュリティ管理策の実践のための規範
JIS Q 27006：2018	情報技術－セキュリティ技術－情報セキュリティマネジメントシステムの審査及び認証を行う機関に対する要求事項
JIS Q 27014：2015	情報技術－セキュリティ技術－情報セキュリティガバナンス
JIS Q 27017：2016	情報技術－セキュリティ技術－ JIS Q 27002に基づくクラウドサービスのための情報セキュリティ管理策の実践の規範

● ISMS（情報セキュリティマネジメントシステム）適合性認証制度

企業のISMSがISO（JIS Q 27001）に準拠していることを評価し、認定／認証する日本情報経済社会推進協会（JIPDEC）の認証制度である。

ISMS適合性認証制度の目的として、情報マネジメントシステム認定センターでは、次のように公表している。

情報セキュリティマネジメントシステム（ISMS）適合性評価制度は、国際的に整合性のとれた情報セキュリティマネジメントシステムに対する第三者適合性評価制度である。本制度は、わが国の情報セキュリティ全体の向上に貢献するとともに、諸外国からも信頼を得られる情報セキュリティレベルを達成することを目的としている。

＜ ISMS 制度の概要　　https://isms.jp/isms/about.html ＞

ISMS認証を取得すると、対外的に情報セキュリティ対策に関する信頼性を証明でき、取引先や消費者などからの信頼性の確保につながる。

Column マネジメントシステムの種類とその規格

代表的なマネジメントシステムとして、次のようなものが挙げられる。

・**PMS**（Personal information protection Management Systems）
個人情報保護マネジメントシステム：JIS Q 15001
個人情報を保護するための体制を構築し、実行し、継続的に改善していく仕組みである。なお、「プライバシーマーク制度」は、JIS Q 15001に準拠した構築・運用指針に基づいて、個人情報について適切な保護措置を講ずる体制を整備している事業者等を、第三者機関（JIPDEC）が評価し、その旨を示す「プライバシーマーク」の使用を認める制度である。

・**QMS**（Quality Management System）
品質マネジメントシステム：ISO9001
企業や組織が、顧客に対して提供する製品やサービスの品質を継続的に改善していく仕組みである。

・**EMS**（Environmental Management System）
環境マネジメントシステム：ISO14001
企業や組織が環境問題に取り組む際に環境保全に関する方針や目標を定めて実行する仕組みである。

第5章 マネジメント

第1節　プロジェクトマネジメント

　プロジェクトとは、目標達成のために行う有期的（一時的）な活動であり、プロジェクトマネジメントとは、プロジェクトを管理するために行う、効果的な取り組みである。プロジェクトを「いつまでに、どの段階まで、実施するか」を明確にし、そこから逆算して目標達成までのプロセスを構築していく。

1　PMBOK（Project Management Body Of Knowledge）

　PMBOK（Project Management Body Of Knowledge）は、プロジェクトマネジメント知識体系の略であり、米国のプロジェクトマネジメント協会（PMI：Project Management Institute）が発行している。最新版は第7版で、2021年10月に日本語版がリリースされている。

●12の原則

　第7版では、PMBOK のプロジェクトマネジメント標準にあった、「5つのプロセス（立ち上げ、計画、実行、監視・コントロール、終結）」は、次の「12の原理・原則」へと変更になった。

【PMBOK の12の原則】

原則	内容
スチュワードシップ	請け負ったことは責任を持って行う
チーム	お互いを尊重し協力し合うチームを作る
ステークホルダー	利害関係者と連携し、関心やニーズを把握する
バリュー	価値の創造に焦点を当てる
包括的思考	システムの相互作用を認識して対応する
リーダシップ	リーダシップのある行動を示して、周囲のやる気を高めるとともに、自らも学ぶ
テーラリング	状況の変化に合わせて、アプローチの方法の調整（仕立て直し）を図る
品質	品質をプロセスと結果に組み込む
複雑性	事態の複雑さに対処、適応する

リスク	リスク（好機と脅威の不確実性）に対処する
順応性と柔軟性	適応性と回復力を備える
チェンジマネジメント	変化することで、あるべき未来を達成する

● 8つのパフォーマンスドメイン

　　　第7版では、プロジェクトマネジメント知識体系の「10の知識エリア」が、次の「8つのパフォーマンスドメイン」へと変更になった。

【PMBOKの8つのパフォーマンスドメイン】

項目	内容
ステークホルダー	利害関係者に対する関与、働きかけ
チーム	チームに対する適切なリーダシップとマネジメント
開発アプローチとライフサイクル	成果物に適した開発アプローチと、成果物を提供するリズムやサイクル
計画	成果を生み出すために必要な組織化や各種調整機能
プロジェクト作業	効果的・効率的なプロセスによる作業
納品	ステークホルダーへの価値提供
測定	パフォーマンスを評価
不確実性	曖昧さ・複雑さ・変動性などの不確実性への対処

PMBOK第6版：プロジェクトマネジメント知識体系の「10の知識エリア」
・プロジェクト統合マネジメント
・プロジェクトスコープ・マネジメント
・プロジェクトスケジュール・マネジメント
・プロジェクトコスト・マネジメント
・プロジェクト品質マネジメント
・プロジェクト資源マネジメント
・プロジェクトコミュニケーション・マネジメント
・プロジェクトリスク・マネジメント
・プロジェクト調達マネジメント
・プロジェクトステークホルダー・マネジメント

2　プロジェクトマネジメントの代表的な手法

●アローダイヤグラム

　プロジェクトを完成させるために必要となる時間を把握するための図であり、各作業の所要時間などの情報を組み合わせ、プロジェクト全体の流れを可視化したものである。

　この図では、「→」でプロジェクト内の特定の作業を表し、「○」で作業の結合点を表す。そして、それぞれの作業の所要時間や日数を書き込み、これによって所要時間の短縮や作業の並列化、作業の分担化などにより、作業効率の改善に役立てることができるようになる。

　なお、プロジェクトマネジメントでは、プロジェクトの工程の依存関係を図示して把握し、所要時間の見積もりなどを行う手法を PERT（Program Evaluation and Review Technique）と呼ぶことから、アローダイヤグラムは PERT 図とも呼ばれる場合もある。

・アローダイヤグラム作成のルール

　アローダイヤグラムを作成する際には、次のルールがある。

　　1．それぞれの作業は、前後に結合点を持っていること
　　2．スタートとゴールを除いては、結合点は前後に作業をもっていること
　　3．前の結合点の作業がすべて終わっていないと、その作業を開始できない
　　4．結合点は、その結合点に戻る作業経路を作ってはならない
　　5．結合点の番号は、作業方向に向けて増加するように付番する
　　6．並行作業がある場合は、ダミー作業を用いる

【アローダイヤグラムの例】

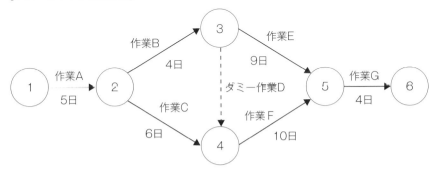

・クリティカルパス

　アローダイヤグラムを作成したら、作業がすべて完了するための所要時間（日数）を計算する。プロジェクトの開始から終了までの経路のうち、最長となる経路を**クリティカルパス**という。

前ページの図の場合は、経路は次の2通りである。

❶作業A→作業B→作業E→作業G …… 5＋4＋9＋4＝22日

❷作業A→作業C→作業F→作業G …… 5＋6＋10＋4＝25日

これらのことから、所要日数が25日の❷の作業経路がクリティカルパスとなる。

クリティカルパスでの作業に遅延が生じると、プロジェクト全体に遅れが出るため、作業管理上の重要な要素となる。

● ガントチャート

プロジェクトの進捗状況を表す図表であり、工程管理などに用いられる。横軸に時間、縦軸に作業（タスク、アクティビティなど）をとり、作業の所要時間を長さで表すことにより、進捗状況を可視化する。

【ガントチャートの例】

タスク	開始	終了	4月	5月	6月	7月	8月	9月	10月	11月	12月
要件定義	4月	4月	■								
概要設計	5月	6月		■	■						
詳細設計	7月	8月				■	■				
プログラミング	9月	11月						■	■	■	
テスト	10月	12月							■	■	■

● アローダイヤグラムとガントチャートの比較

双方の図ともに、プロジェクトの作業管理に用いられるが、それぞれの範囲や特徴などは、次のとおりである。

【アローダイヤグラムとガントチャート】

	アローダイヤグラム	ガントチャート
図式	流れ図（フローチャート）	帯グラフ（バーチャート）
対象範囲	小規模のプロジェクト向き	大規模・複雑なプロジェクト向き
表示内容	各作業の流れや所用時間、クリティカルパスなど	各作業の開始から終了時間、進捗状況など
特徴	作業の関係性や順番は一目でわかるが、進捗状況は把握できない	作業の進捗状況は一目でわかるが、作業の関係性は把握できない

● WBS（Work Breakdown Structure）

　WBS（Work Breakdown Structure）は、プロジェクトという作業（Work）を、細かい作業単位に分割（Breakdown）し、構造化（Structure）する手法であり、また、それらを表した図を指す。WBSは**作業分解構成図**とも呼ばれ、作業範囲（スコープ）を定義することで、それぞれの作業を管理しやすくなり、時間やコストを見積もることができるようになる。

　WBSのメリットとして、次のようなことが挙げられる。

・やるべき作業が明確になる
・スケジュールの構築が綿密になる
・役割分担が明確になる
・工数の見積りがしやすくなる
・作業の進捗管理がしやすくなる
・作業（タスク）同士の関係性がわかりやすくなる
・スコープが明確となる

【WBSの例】

第2節　サービスマネジメント

　システムを安定的かつ効率的に運用するための仕組みであり、利用者に対するサービスを改善・維持するための取組みでもある。プロジェクトマネジメントは、1回限りの期間限定となる活動であるのに対し、サービスマネジメントは、長期的・継続的な活動となる。

1　ITIL

　ITIL（Information Technology Infrastructure Library）は、ITサービスマネジメントにおけるベストプラクティス（最良の事例集）をまとめた、一連のガイドブックであり、ITサービス運用におけるデファクトスタンダードとして、世界中のシステム運用の現場で活用されている。

　また、ITIL では、当事者間でのサービスレベルを命じた合意文書の締結を推奨しており、合意文書には SLA や OLA などがある。

●サービスライフサイクル

　ITIL において、**IT サービスのライフサイクル**には、次の5つのフェーズがあると示している。

　・**サービス戦略**（SS：サービスストラテジ）
　　IT サービスの指針を定義するフェーズ
　・**サービス設計**（SD：サービスデザイン）
　　IT サービスを設計及び開発するフェーズ
　・**サービス移行**（ST：サービストランジション）
　　IT サービスの実現を計画立案及び管理するフェーズ
　・**サービス運用**（SO：サービスオペレーション）
　　IT サービスの提供とサポートに必要な活動をするフェーズ
　・**継続的サービス改善**（CSI：コンティニュアルサービスインプルーブメント）
　　IT サービスの有効性と効率性を継続的に改善するフェーズ

●サービスの移行・システムの移行

　IT サービスを移行するためには、新しいシステムの稼働環境を用意して、導入・移行を行う必要がある。また、導入時には、**システム移行**テストを行う必要があり、その計画を作成して、サービス移行に関するテストを実施する。
　システムの代表的な移行方式は、次のとおりである。

【システム移行方式の種類】

方式	概要
一括移行方式 （一斉移行方式）	現行システムを停止し、全システムを一斉に新システムに移行する方式である。 移行期間が短いため、手間やコストを抑えることができるが、移行後にトラブルが発生した際の影響が大きく、新システムへの高い信頼性が必要となる。
段階的移行方式 （順次移行方式）	一斉移行とは逆の方式であり、業務や機能などの単位で移行する部分を分割し、その単位ごとに移行していく。 トラブルが発生した際には、その影響を局所化できるが、一斉移行方式よりコストが高くなる。
パイロット移行方式	一斉移行と段階的以降の中間的な方式であり、特定の部門を移行した後に、移行時の問題や新システムで発生するエラーなどを検証し、問題がないと判断した時点で、他のシステムは一斉に移行する。 トラブルが発生した際には、その影響を局所化できる。

並行運用移行方式	新・旧の両方のシステムを同時並行で運用し、徐々に新システムへと移行する方式である。 トラブルが発生した際には、その影響を最小化できるが、手間がかかり、コストも高くなる。
単純移行方式	旧システムの全てを一度に新システムに移行する方式である。 短期間での移行が可能となるが、新システムでトラブルが発生した際には、大きな影響が出てしまう。
部分移行方式	旧システムを部分的に（サブシステム単位で）、順次新システムに移行していく方式である。 短期間での移行が可能となり、トラブルが発生したには、その影響を局所化できる。

2　合意文書の種類

● SLA

　SLA（Service Level Agreement）は、サービスレベル合意書ともいい、サービスの提供者と利用者との間で締結される合意文書であり、SLAの対象として、通信サービスやクラウドサービス、レンタルサーバサービスなどがある。提供するサービスの内容と範囲、品質に関する要求事項を明確にして、客観的に判断できる数値で示し、さらにそれが達成できなかった場合のルールも含めることが多い。利用者にとっては、保証を数値化することでサービスの性能や機能などを把握することができるため、業者選定の目安となる。

　また、サービスの提供者と利用者との間で合意したサービスレベルを維持・改善するための活動や仕組みをSLM（サービスレベル管理：Service Level Management）という。

● OLA

　OLA（Operational Level Agreement）は、運用レベル合意書ともいい、サービスの提供者内部で締結される合意文書であり、例えば、サービスデスクと情報システム部などの間で締結される。ITサービスの可用性や性能・品質、保証項目、水準などを定めたものであり、責任の範囲や所在、障害発生時の対応などについても規定する。

Column ファシリティマネジメント（FM：Facility Management）

　企業・団体等が組織活動のために、施設や設備などの固定資産（ファシリティ）とその環境を、総合的に企画、管理、活用するための取組みや仕組みのことである。

　情報システムにおけるファシリティマネジメントは、IT 関連設備が管理対象となり、これらの信頼性や快適性、安全性などが最適な状態であるかを監視し、維持・改善することである。主に、災害対策や防犯対策などを施すことであり、例えば、無停電電源装置の設置や、落雷などによる異常電圧（サージ）に備えるサージプロテクターの設置、盗難防止のためのセキュリティワイヤーの装着等がある。

第 6 章 ストラテジ

第1節 企業活動

　企業がビジネスを行うにあたり、普遍的な理想や目的を企業理念として掲げ、それを実現するために企業活動を行う。企業経営にとって必要不可欠な要素は、ヒト・モノ・カネ・情報の4つであり、これらを管理するのが**経営管理**である。

1 経営組織

　企業活動を行う際、業務を効率よく行うための組織の形態を選択する。組織形態の代表的な形態として、次のようなものがある。

●職能別組織

　　人事部・総務部・営業部・開発部など、業務を専門的な機能に分け、各機能を単位として構成する組織形態であり、機能別組織ともいう。従業員の専門性を活かせることから業務効率を上げることができるが、部署間での連携がしにくくなる。

●プロジェクト組織

　　ある課題を解決するために、各部門から専門家を招集して一時的に結成し、課題の解決とともに解散する組織形態である。専門的な業務を迅速に行うことができるが、組織は解散することから、業務で得た知識・経験を組織として蓄積しにくくなる。

●マトリクス組織

　　従業員が、自身が専門とする職能部門とプロジェクトを遂行する部門の2つに所属する組織形態である。双方のメリットを享受することができるが、複数の上司から指揮命令を受けるため、混乱を招くことがある。

●事業部制組織

　　製品別・地域別・顧客別などに担当する組織を形成し、その事業部ごとに利益責任を果たし、権限を行使して独自の意思決定を行う組織形態である。タイムリーな意思決定が可能であり予算や経営戦略を立てやすいが、企業全体としての方針の統一がされにくくなる。

●カンパニー制組織

　事業部制組織よりも独立性を高めた組織形態であり、あたかも1つの企業のように、人事権・投資・財務の決裁権なども付与され、社内カンパニー制や社内分社制度などとも呼ばれる。決裁権を持つため、柔軟な対応ができるが、機能や業務の重複があるため、経営資源に無駄が出る場合がある。

●社内ベンチャー組織

　新規事業の創出を目的として設置される独立した組織形態であり、企業（本社）の支援を受けながら業務を遂行する。一般的なベンチャー企業やスタートアップ（起業）とは異なり、本社の資産を利用できるため、安定的に新規事業に取り組めるが、スタートアップと比較するとチャレンジ精神に欠けることもあり、本社の意思決定に従う必要もあるため、思い切った活動ができない場合もある。

Column 企業経営に関する用語

・ゴーイングコンサーン（継続的事業体：going concern）
企業が将来にわたって、無期限に事業を継続することを前提とした考え方である。現在の企業会計は、ゴーイングコンサーンを前提としている。

・コーポレートアイデンティティー（CI：Corporate Identity）
統一したロゴやデザイン、メッセージなどを発信することで、企業の特性や個性を明確に示し、社会に向けたイメージを形成していく企業戦略のことである。

2 品質管理

　経営管理手法の一つであるTQM（統合的品質管理：Total Quality Management）とは、企業・組織全体で品質の向上に取り組む仕組みである。顧客満足のための製品やサービス提供のために行われ、製造・販売・営業などのすべての部門の業務を対象としている。

　TQCなどの品質管理において、業務を分析する手法としてQC七つ道具や新QC七つ道具などがある。

● QC七つ道具

　業務を定量的に分析する手法であり、具体的な数値をわかりやすく図示し、問題の早期発見を可能にする。

・ヒストグラム

　データの分布状況を把握する際に用いる図であり、収集したデータを一定の範囲で区切り、範囲内のデータの個数をまとめた度数分布を縦棒グラフで表す。

・パレート図

　工程の改善を目的とした図（複合グラフ）であり、どの項目に問題があるかを把握することができる。項目別に層別し、出現度の高い順に縦棒グラフで表し、累積比率を折れ線グラフで表す。

・管理図

　工程の管理を行うために用いる図であり、偶然のばらつきと異常原因によるばらつきを区別することができる。横軸に日数や時間などを、縦軸に製品の個数などの状態を折れ線グラフで表し、因果関係を時系列で図示する。

・チェックシート

	A	B	C	D
項目01	////	/	//	
項目02	////	//	/	
項目03	////		///	
項目04	///	///		/
項目05	////		////	

　事実を区分し、定量的に確認するための用いる表であり、記録用チェックシートや点検用チェックシートなどがある。チェックする対象と、あらかじめ決めておいたチェックする項目を一覧表にして、それぞれのチェック内容を書き込んでいく。

・特性要因図

　問題とその要因を洗い出すために用いる図であり、結果（特性）に対して原因（要因）がどのように関係し、影響しているかを表すものである。図の中央に引いた矢印の先に結果を書き出し、その要因を次々と線で結んでいく。図の形状が魚の骨に似ていることから、フィッシュボーンチャートとも呼ばれる。

・散布図

2つの項目の関連性の有無を判断するために用いる図であり、それぞれを横軸と縦軸にとり、データを点でプロット（配置）していく。点の散布状態によって、相関関係があるかどうかを判断する。点が右上がりの散布の場合は正の相関、左上がりの散布の場合は負の相関となる。

・層別

母集団を、ある特徴によっていくつかのグループに分けることであり、品質に影響する原因とその影響度を把握することできる。グループ分けとして、時間別や作業別、原料・材料別、作業員別などがある。

●新QC七つ道具

業務を定性的に分析する手法であり、問題がどのような性質や構造をもつかを明確にすることができる。

・連関図法

問題と要因を洗い出し、その因果関係を論理的につないで図に表し、問題を明確にする手法である。要因と要因を矢印でつなぎ、主要因を明らかにしていく。

・系統図法

目的の達成や問題の解決のために、最適な手段や方法をツリー上に並べて図に表し、目的と手段を繰り返し洗い出していく。目的と手段を多段階に展開でき、最終的に実行する手段を見つけることができるようになる。

・親和図法

問題となる要因を関連性（親和性）の高いグループに分け、整理・体系化する手法である。問題をカードなどに書き出し、言葉に関連性のありそうなものをまとめることにより、何が問題かを明らかにし、その要因を把握する。

・マトリクス図法

目的と手段など、2つの要素を行と列にとり、二次元の表を作成して、その対応関係や関連性を明らかにする手法である。表の列と行の交差する枠に2つの要素の関係の程度などを記入する。

・マトリクスデータ解析法

新QC七つ道具のなかで、数値データを取り扱う方法であり、主成分分析法とも呼ばれる。複数の数値を二次元の平面に展開して図に表し、問題の整理や解決の糸口を見つけ出していく。

・PDPC（Process Decision Program Chart）法

計画を実行するうえで、事前に考えられる様々な結果を予測し、不測の事態が起こっても代替できる案を明確にしておくことなどに用いる手法である。プロセス決定図や過程決定計画図などとも呼ばれ、目的を達するための手順と対応策を洗い出し、それを線で結んだ図で表し、最適な手段を見つけ出していく。

・アローダイヤグラム

PERTで用いられている図である（I-5-1参照）。

第2節　情報システム戦略

　情報システム戦略とは、経営戦略を実現させることを目的として、情報システムを構築するための戦略である。情報システムの戦略の策定では、最高情報責任者（Chief Information Officer）が中心となり、経営戦略に基づき、全体システム化計画や情報化投資計画などを策定する。

1　システム化計画

　情報システムによって業務をシステム化する際に策定する計画であり、システム化する業務の内容を分析し、どのような情報システムが必要となるか、どのように開発導入をするかなどの基本方針を策定する。

● ERP（Enterprise Resource Planning）

　部門別・業務別のシステムではなく、企業全体で統合されたシステムを利用して経営を効率化する管理手法である。企業資源計画とも呼ばれ、調達・購買、製造・生産、物流・在庫管理、販売、人事・給与、財務・会計など、企業を構成する様々な部門、業務で取り扱うデータや資源を一元的に管理することにより、企業全体の経営資源を統合的に管理して、経営を効率化する。また、これを実現するために導入・利用されるソフトウェアを、ERP パッケージと呼ぶ。

● SCM（Supply Chain Management）

　原料の調達から製造・配送・最終消費者への販売に至るまでの一連のプロセス（サプライチェーン）を、企業の枠を超えて、複数の企業間で統合的に管理するシステムである。サプライチェーン管理とも呼ばれ、これによって在庫や滞留、無駄な物流を減らすことができ、コストの削減と経営の効率化を図ることができるようになる。

● CRM（Customer Relationship Management）

　顧客との取引や顧客からの問合せなどを記録・管理して、それぞれの顧客に応じた対応を行うことで、顧客満足度を向上させる手法、またはそのために利用される情報システムのことである。顧客関係管理などとも呼ばれ、顧客との長期的な関係を築き、収益の向上を図るようにする。

● SFA（Sales Force Automation）

　営業部門における情報及び業務プロセスを自動化することにより、効率化を図るシステムである。営業支援システムとも呼ばれ、顧客管理や商談の進捗管理などを行い、営業部内の情報共有なども行う。

Column　SOA（Service Oriented Architecture）

　業務システムなどの設計様式の一つであり、ソフトウェアを１つの部品としてみなして構築する手法である。それぞれの部品は１つのサービスであり、その組み合わせによってシステムを構築していく。

　SOA の導入により、アプリケーションの機能の再利用が容易になり、システムの変更に柔軟に対応できるようになる。また、既存アプリケーション資産の有効活用が図れ、アプリケーション間の依存度合いを低減できるため、システムの運用コストを削減できる。

2　業務プロセス

経営戦略実現のため、業務プロセスを分析し、把握する。その結果、問題点を発見した場合は、その解決を図り、改善していかなければならない。

● BPR（Business Process Re-engineering）

業務手順や規則・制度などの業務プロセスを抜本的に見直し、再構築することである。業務プロセスを最適化するために、社内の無駄や不合理を省き、コストの削減や業務の効率化を図る。

● BPM（Business Process Management）

業務プロセス管理の手法の一つであり、業務の分析・業務設計・業務の実行・モニタリング・評価などのサイクルを繰り返すことによって、それぞれの業務プロセスを継続的に改善し、最適化していく。BPM の導入により、業務の本質的な課題を発見することができ、業務プロセスやフローの変更がスムーズにできるようになる。

● BPO（Business Process Outsourcing）

自社の業務の一部または全部を、外部の専門業者に一括して委託することである。通常のアウトソーシングは、単一業務の外部委託や一時的な外部委託を指すことが多いが、BPO は、総合的かつ継続的に業務を外部に委託する。コストダウンを図るために、海外や子会社に開発を委託するオフショア開発も一般的である。

第3節　システム企画

システム開発において最初に取り組むべき工程であり、システム企画で扱う内容は、システム化計画、要件定義、調達計画・実施である。本書では、要件定義とシステムの調達に関して解説する。

1　要件定義

システムへの要求事項を洗い出し、システム化するために必要となる業務内容や業務フローなどの要件を定義したものである。要件定義の決定は、業務要件のヒアリング、システム要件の定義、要件定義書の作成と実行計画の立案といったプロセスで行われる。

●要件定義書

要件定義をまとめて文書化したものであり、機能要件や非機能要件、セキュリティ要件などを定義しておく。

・**機能要件**

　システムに求められる機能の要件であり、必ず実装すべき機能で、システムの要となる部分である。

・**非機能要件**

　システムに実装される要件のうち、機能以外の部分のことであり、保守性やセキュリティ、可用性、移行性などの項目が非機能要件である。システムを支える質（クオリティ）の部分である。

2　システムの調達

　システム開発の委託先を選定し、システムの開発を委託することである。一般的に、システム開発を依頼する側（委託元）をユーザ企業、システム開発を行う側（委託先）をベンダ企業と呼ぶ。

　調達の基本的なフローは、次のようになる。

【システム調達のフロー】

情報提供依頼書（RFI）の作成	《ユーザ企業》 　ベンダ企業に対し、システム化の目的や業務内容を示し、情報提供依頼書を作成する。 《ベンダ企業》 　情報提供依頼書に基づき、ユーザ企業に情報を提供する。

↓

提案依頼書（RFP）、見積依頼書（RFQ）の作成と配付	《ユーザ企業》 　ベンダ企業に対し、システム化の要件や調達条件などを示した提案依頼書・見積依頼書を提示し、提案書・見積書の提出を依頼する。 《ベンダ企業》 　提案依頼書に基づき、システム構成や開発手法などを検討し、提案書・見積書を提供する。

↓

提案書の入手	《ユーザ企業》 　提案書を受け取り、内容の比較検討を行う。

↓

見積書の入手	《ユーザ企業》 　見積書を受け取り、内容の比較検討を行う。

↓

発注先の選定	《ユーザ企業》 発注先のベンダ企業を選定する。 選定にあたり、コストや工期だけではなく、システム構成や開発手法、コンプライアンスや内部統制などの観点も加味する。

↓

契約締結	《ユーザ企業》《ベンダ企業》 ユーザ企業とベンダ企業とで契約を締結する。 状況に応じた契約書を取り交わし、必要に応じて知的財産権利用許諾契約などの締結も行う。

●情報提供依頼書（RFI：Request For Information）

　システム化計画で定めたシステムへの要望に基づき、ベンダ企業にシステム開発費用や実現性などの情報提供を依頼する文書である。

●提案依頼書（RFP：Request For Proposal）

　ユーザ企業が情報システムを発注する際、ベンダ企業を選定するために、ベンダ企業に提示する文書であり、予算やスケジュール、開発範囲や仕様などが明記されている。これをもとに、ベンダ企業では提案書を作成してユーザ企業に提供する。一般的に、システム開発を行う際は、複数のベンダ企業に提案を依頼し、相見積もりを取得する。

●見積依頼書（RFQ：Request For Quotation）

　提案依頼書の評価を踏まえ、発注候補となるベンダ企業に対して見積もりを依頼する文書である。納期や受渡方法、支払方法など、取引に付帯する情報を記載する場合もある。

Column　SI企業

　ユーザ企業からの依頼を受け、情報システムの企画・設計・開発・運用・保守などを専門的に請け負う企業であり、システムインテグレータ（SI：System Integrator）やシステムベンダ、SIベンダ、SIer（エスアイヤー）などとも呼ばれる。

MEMO

II. 脅威と情報セキュリティ対策①

Chapter **II**

Information Security
Managing Executive

第 1 章　人的対策

第1節　人的脅威

　人的な要因による脅威であり、**偶発的脅威**と**意図的脅威**に大別することができる。

1　偶発的脅威

　不正な目的は持っていないが、偶発的に発生してしまう、事故や過誤、ミス、手違いなどである。これを「**ヒューマンエラー**」といい、情報漏えいの大きな要因となる。

　ヒューマンエラーは、慣れていないツールを利用する場合や、作業結果の確認が容易にできない場合などに起こりやすい。また、ヒューマンエラー発生の要因として、意図しない行動に起因するものと、意図した行動に起因するものに大別することができる。

　意図しない行動に起因するものとして、知識不足や理解不足、勘違いなどがある。例えば、知識不足や理解不足により、不正なファイルをダウンロードしてしまい、それによってマルウェアに感染してしまう場合もある。

　一方、意図した行動に起因するものとして、判断ミスや伝達ミス、集中力の低下などがある。例えば、「上司に相談しなかった」や「誰かがやると思っていた」などの結果、誤送信や入力ミス、誤った上書きなどが発生する場合がある。

2　意図的脅威

　不正な目的や悪意をもって発生させることであり、外部からの物理的な不正侵入、不正な持出しや情報漏えい、機器やデータの破壊などがある。その手口として、**ソーシャルエンジニアリング**（Social Engineering）によるものや、要因として、遺恨や金銭目的による**内部不正**など、様々な脅威が存在する。

●ソーシャルエンジニアリング

　ソーシャルエンジニアリングを直訳すると「社会工学」であるが、情報セキュリティにおいては、人間の心理的な隙などを狙って情報を詐取する手法を意味する。

　ソーシャルエンジニアリングには様々な手口がある。ネットワークを経由し

ない手口や技術的な手段を用いずに行う手口があり、**のぞき見やごみ箱あさり**などが代表的なものとして挙げられる。また、メールを利用した**なりすまし**や**フィッシング、ビジネスメール詐欺（BEC）**だけではなく、**トロイの木馬**などの不正プログラムを用いる手口もソーシャルエンジニアリングに分類される場合もある。これらについては、不正アクセスを行うための補足的な手段として用いられることもあるため、課題Ⅲで後述する。

　ソーシャルエンジニアリングは、複数の手口を組み合わせて行われることもあり、臨機応変に心理的な隙をついてくるため、防御のための効果的なツールごくわずかである。しかし、ソーシャルエンジニアリングは「人」によるものであるため、日常的に注意を払うことによって防ぐことが可能となる脅威でもある。

　ソーシャルエンジニアリングの代表的な手口とその対策は、次のとおりである。

・**なりすまし**

　正規のユーザを装うなど、他人になりすまして情報を聞き出したり、変更させたりする手口である。

《具体例》

・契約しているプロバイダの担当者を装って電話をかけ、「社員番号とユーザID・パスワードのチェックをする」といって情報を聞き出す。

・自社の役員を名乗り、「パスワードを忘れた」と電話口で緊急である旨を告げて高圧的な態度を取り、ユーザID・パスワードを聞き出す。

《対策例》

・ユーザID・パスワードなどの重要な情報は、担当部署に出向いて行うなどのルールを定める。

・登録されていない電話番号や公衆電話からなど、本人を確認できない番号から電話の問合せには、応えない。また、折り返し電話をして、本人確認を行ったうえで、問合せに対応する。

・**ごみ箱あさり**

　「トラッシング」や「スキャベンジング」などとも呼ばれ、ごみとして廃棄された書類などから、情報を盗み出す手口である。紙媒体だけではなく、適切な処理をせずに廃棄したUSBメモリやCD/DVDなどがトラッシングの対象となる場合もある。

《具体例》

・清掃業者を装ったり、清掃業者自身がオフィス内のごみ箱をあさる。

・回収業者を装ったり、回収業者自身がビルなどのごみ収集場のごみを持ちだす。

《対策例》

・メモ書きであっても、個人情報などが記載されている紙は、シュレッダーで細断してから廃棄する。

・不要となった CD/DVD は、メディアシュレッダーで細断したり、USB メモリは物理的に破壊して読取りが困難な状態にしてから廃棄する。

・のぞき見

　　権限のない者が、重要な情報などを盗み見て、それを入手する手口である。直接のぞき見るだけではなく、スマートフォンやビデオカメラなどで撮影した情報を解析して、情報を入手する手口もある。

《具体例》

・ディスプレイの横に貼り付けてある付箋から、書き込んであるパスワードを盗み見る。

・ディスプレイに向かって作業している操作者の背後にまわり、パスワードや重要な情報を盗み見る。ショルダーハッキング、ショルダーサーフィン、ビジュアルハッキングなどとも呼ばれる。

《対策例》

・重要な情報を他者の目に触れる場所に置かない、貼らない。

・ショルダーハッキングへの対策として、ディスプレイに偏光フィルタを装着する。

・構内侵入

　　権限のない者が、オフィスやサーバルーム、倉庫などに侵入する行為である。侵入自体が最終目的ではなく、侵入に成功した後は、のぞき見や持出し、破壊などを行う。

《具体例》

・入館証の偽造などにより、社員を装って侵入する。

・入室が許可されている人の後に続き、認証を受けずに入室する。「共連れ侵入」や「**ピギーバック**」などとも呼ばれる。

・施錠管理されている部屋から退室してきた人と同じタイミングで、認証を受けずに入室する。「**すれ違い侵入**」とも呼ばれる。

《対策例》

・入退管理装置を導入する（Ⅱ−2参照）。

・警備員を配置する。

●リバースソーシャルエンジニアリング（Reverse Social Engineering）

　　ソーシャルエンジニアリングは、ターゲットに近づき、能動的に攻撃を仕掛

けるのに対し、リバースソーシャルエンジニアリングは、あらかじめ仕掛けをしておき、ターゲット自らの意思で行動を起こすことで、目的を達成する手口を指す。

　例えば、ハードウェアのメンテナンス業者を装い、「担当者が変更になりました。新しい連絡先はこちらです。メールアドレス：support@zzz.com」といったメールを送り付け、実際に障害が発生した際にそのアドレスに連絡することにより、連絡した者の個人情報が詐取されてしまう。

●内部不正

　組織内で発生する不正行為であり、違法行為だけではなく、組織内の規定違反やルール違反などによる行為も含まれる。

　内部不正は、**機械・動機・正当化**の３つの要素が揃ったときに発生しやすいとされる。これは、米国組織犯罪研究者ドナルド・R・クラッシーによって提唱された**不正のトライアングル**によるものであり、組織内の要員が不正を起こすメカニズムを分析した理論である。

【不正のトライアングルのイメージ】

・**動機**

　動機としてなり得るのは、処遇面の不満や生活苦などがある。例えば、ノルマがきつい、人事評価が低い、不当に解雇された、多額の借金がある、などが挙げられる。

・**機会**

　不正行為を可能とする状況や環境などである。例えば、会計処理を一人で行っている、ファイルへのアクセス権限が曖昧である、ルールが設定されていない、などが挙げられる。

・正当化

　　自らを納得させる、不正行為に対する良心の呵責を乗り越えるような理由付けや言い訳による、他人への責任転嫁や報復などである。例えば、みんなが似たようなことをしている、給料が安いから仕方ない、アクセス権限の設定が甘い管理者が悪い、などが挙げられる。

Reference：内部不正防止の基本原則

　　IPA（独立行政法人 情報処理推進機構）が公表している「組織における内部不正防止ガイドライン」において、状況的犯罪予防の考え方を内部不正防止に応用し、次の5つを基本原則としている。
- ・犯行を難しくする（やりにくくする）：
  対策を強化することで犯罪行為を難しくする
- ・捕まるリスクを高める（やると見つかる）：
  管理や監視を強化することで捕まるリスクを高める
- ・犯行の見返りを減らす（割に合わない）：
  標的を隠したり、排除したり、利益を得にくくすることで犯行を防ぐ
- ・犯行の誘因を減らす（その気にさせない）：
  犯罪を行う気持ちにさせないことで犯行を抑止する
- ・犯罪の弁明をさせない（言い訳させない）：
  犯行者による自らの行為の正当化理由を排除する

第2節　従業員の監督

　「従業員」とは、呼び方や対象となる範囲にはさまざまな定義が存在するが、情報セキュリティ対策など、全社的な対策を実行するうえで、監督の対象となる従業員とは、企業・組織での業務に従事している者（正社員、契約社員、嘱託社員、パート社員、アルバイト、派遣社員、取締役、執行役員、理事、幹事、監査役など）すべてである。

　従業員を監督するにあたり、従業員との**契約**が必要となる。また、監督するためには、違反を犯した従業員に対する懲戒手続きを含む規程類（就業規則や人事労務規程など）の整備が重要であり、さらにそこに規定されているルールを**周知**し、**教育・訓練**などによって理解させていくことが、経営者の責任でもある。

1　従業員との契約

　従業員との契約は、局面や取り扱う情報など、必要に応じて契約書の取り交わしや誓約書を提出させることなどを行う。

　入社時や業務契約開始時などには、情報セキュリティに関する規定や義務を、

職務定義書や雇用契約書などに必要に応じて盛り込むか、独立した誓約書として取り交わす。さらに、それを遵守する旨の誓約書を提出させる場合もある。誓約書は、契約書ほど法的な効力は持たないが、情報セキュリティに関する取り組みへの意識付けには効果的となる。

●非開示契約

企業・組織などが保有する個人情報や商品開発情報などの機密情報について、開示を制限する契約のことである。見聞きした情報を第三者に開示したり、提供した情報を他社が本来の目的以外の用途で利用したりすることなどを、法的な拘束力をもって制限するためのものである。**秘密保持契約や守秘義務契約、NDA（Non-Disclosure Agreement）**などと同義で用いられることが多い。

非開示契約を締結する局面として、従業員の入社時・雇用契約時、異動・昇格・プロジェクト開始時などがあり、退職時に改めて締結する場合もある。また、対外的には、取引開始時、共同制約や共同開発で技術情報を開示するときなどがあり、商談の際なども必要に応じて締結する。

●契約のポイント

非開示などの契約や雇用条件などに含まれる責任については、雇用契約終了後や業務契約満了後も、一定期間継続する条項を契約書などに盛り込むようにする。

また、必要に応じて、**競業避止義務**に関する誓約書などを提出させる。競業避止義務とは、在職しているまたは在職していた企業・組織と競合する企業・組織に属したり、競合する会社を自ら設立するなどの行為を禁止する義務である。ただし、競業避止義務契約の際は、労働契約として、適法に成立している必要があり、職業選択の自由を侵害することがないよう注意が必要である。

さらに、社内規程に非開示などの義務を盛り込む際には、特に**労働基準法**の就業規則の作成等に関する規定に留意し、派遣社員を受け入れる際には、**労働者派遣法**に関する留意も必要となる。

Column　契約形態

労働力提供に関連して、派遣・請負・出向などの契約の形態がある。

●派遣

派遣契約では、労働者は派遣元企業に雇用され、雇用契約を締結する。派遣先企業からは、業務上の指揮命令を受けて業務に従事する。派遣元企業と派遣先企業と

は、労働者派遣契約を締結する。

● 請負

　請負契約では、受託側（請負企業）が成果物を完成させ、それを納期までに委託側（依頼企業）に納品することとなる。請負企業と依頼企業とは、請負契約が締結され、成果物の完成責任、瑕疵担保責任が生じる。労働者は、請負企業に雇用され、請負企業からの指揮命令を受けて、業務に従事する。

● 出向

　出向契約では、出向元企業と出向先企業とで、出向契約を締結する。労働者は、出向元企業と出向先企業の双方と雇用契約を締結し、出向先企業の指揮命令を受けて、業務に従事する。

● 準委任契約

　準委任契約は、法律行為となる事務処理以外の業務の遂行を目的に対価が支払われる契約であり、成果物の完成責任は問われない。依頼企業と受託企業とで、準委任契約を締結し、労働者は、受託企業に雇用され、受託企業の指揮命令を受けて、業務に従事する。

2 情報セキュリティにおける教育・訓練

　人的対策として重要となるのが、すべての従業員を対象とした、情報セキュリティの取組みに関する教育・訓練である。これによって、情報セキュリティポリシーなどの規程類を従業員に理解させ、それを実践するための知識や技術を訓練によって向上させる。

　また、教育・訓練の実施後は、テストやアンケート、面談などを行い、理解度や習熟度を測るようにする。さらに、教育・訓練を受けることを、入社や昇進などの条件にしたり、実施後のテストで一定の水準まで達していない者に対して、再教育を実施し、必要に応じて情報を取り扱う業務から外すなどの措置も必要となる。

● 実施時期

　効果的に教育・訓練を実施するには、そのタイミングが重要であり、次のような時期に実施されるのが一般的である。

・入社時、異動時
・ポリシーや規程類の変更時
・事業内容やシステムなどの変更時
・関連する法規の公表時、変更時
・情報セキュリティに関する事件や事故の発生時

　また、教育・訓練は、年間計画を策定して定期的に実施し、少なくとも年に1回は実施することが望ましい。

●実施形態・実施方法

　　教育の実施時期には様々な形態や方式があるが、教育の目的や企業・組織の業務内容にそったものを選択する。

　　実施形態として、対面式の集合研修やeラーニング、テキスト配付などによる独習、外部セミナーの受講などがある。また、実施方法として、用意されたコースの中から従業員自身がピックアップして選択する**カフェテリア方式**や、与えられた課題の中から従業員自身が主導して解決策を導くPBL（Project Based Learning）方式などがある。**PBL方式**は、問題解決型学習方式や課題解決型学習方式などとも呼ばれる。

●訓練の方式

　　サイバー攻撃を受けた想定での実践や、対応手順の確認などの演習である。

　　標的型攻撃メールなどを受け取ったときの対応を訓練する**サイバーレンジトレーニング**や、実際に専門家などが攻撃者として様々な手法を模擬的に実践する**レッドチーム演習**などがある。

Column　モニタリング

　　従業員の監督の一環として実施するモニタリングとは、従業員が手順書やルールなどに従って、情報セキュリティ対策に取り組んでいるかを監視することであり、ビデオやオンラインによって実施される。なお、ルールの違反を検出するだけではなく、ルールが適正に機能しているかどうかを確認するためのものでもある。

　　モニタリング実施の留意点として、次のような事項が挙げられる。
・モニタリングの目的をあらかじめ特定した上で、社内規程等に定め、従業者に明示すること
・モニタリングの実施に関する責任者及びその権限を定めること
・あらかじめモニタリングの実施に関するルールを策定し、その内容を運用者に徹底すること
・モニタリングがあらかじめ定めたルールに従って適正に行われているか、確認を行うこと

　　なお、モニタリングに関して、個人情報の取扱いに係る重要事項等を定めるときは、あらかじめ労働組合等に通知し必要に応じて協議を行うことが望ましく、また、その重要事項等を定めたときは、従業者に周知することが望ましいと考えられる。
〈PPC（個人情報保護委員会）のFAQ、A5-7参考〉

第3節　委託先の監督

　自社の従業員に対する監督と同様に、業務委託をしている場合は、委託先への監督も重要である。また、「個人情報保護法」においては、個人データの取扱いの全部または一部を外部に委託する場合は、その取扱いを委託された個人データの安全管理が図られるよう、委託を受けた者に対する必要かつ適切な監督を行わなければならないと規定している。

●委託先の選定

　業務を外部委託するにあたり、委託先を選定する際には、業務効率やコストなどを優先するよりも、委託先企業の信頼度や情報セキュリティの側面などから評価することが望ましい。信頼度としては、財務状況や事故歴、セキュリティに関する保険への加入の有無とその保証金額などを評価する。また、情報セキュリティに関しては、ISMS の認証取得、プライバシーマークの付与認定などについても、評価の目安となる。

●委託先の管理

　委託先の管理に漏れがないよう、全ての委託先を特定し、台帳などで管理する。また、委託業務を開始する前に、次のような内容を盛り込んだ契約書や誓約書などを取り交わしておく。

　　　・責任の明確化
　　　・再委託に関する事項
　　　・契約内容が遵守されなかった場合の措置
　　　・事故や事件が発生した際の報告・連絡に関する事項
　　　・契約終了後の措置　　　など

Reference：再委託

　IPA が公表している「委託関係における情報セキュリティ対策ガイドライン」において、再委託に関し、次のように示している。
　　・業務の再委託を行う場合は、実施理由・必要性、内容、再委託先についての書面を
　　　事前に委託元に提出し承認を得ること。
　　・再委託先と機密保持に関する契約を締結すること。委託元から委託先に求める情報
　　　セキュリティ要求事項と同等の内容を含めること。
　　項目例：
　　・守秘義務
　　・機密保持の対象となる情報の範囲
　　・守秘義務期限
　　・使用目的の制限
　　・アクセス者は必要最小限に限定
　　・機密情報の管理方法

・機密情報の複製の制限
・委託契約終了後の機密情報の返却または廃棄の規定
・委託元からの機密保持に関する確認措置の規定
・契約違反時の措置
・無断での再委託の禁止
・私用PC の業務使用禁止
・機密情報に係る再委託先との業務について手順を文書化すること。
・再委託先における情報セキュリティ対策が適切に維持・運営されていることを定期的に確認すること。
・機密情報を再委託先に開示する場合には、機密情報であることを明示すること。
・再委託先への機密情報の受け渡しに関する記録を行うこと。
・再委託先への機密情報の受け渡しに際し、暗号化を行うこと。
・再委託先に開示した機密情報の廃棄・消去に関する記録を再委託先から取得すること。

第4節　SNS利用における脅威と対策

　SNS（Social Networking Service）は、個人の利用者間での情報共有や情報発信としての利用などがあり、最近は企業マーケティングとしての利用も増加している。また、商品やサービスのPR、商品に対するアンケート、人材採用など、様々な場面で利用されている。

　なお、SNSの利用増加に伴いリスクも増加し、いわゆる炎上など、内容によっては、企業・組織のイメージを大きく損ねるケースもある。

1　SNS関連の脅威

●不適切な投稿・発信

　不適切な情報発信などを行った場合は、個人情報の漏えいや企業情報の漏えいなどが発生し、企業の信用失墜につながり、訴訟に発展する場合もある。また、従業員個人のアカウントからの投稿であっても、その投稿者の所属企業が特定され、内容によっては企業責任を問われる場合もある。

　また、個人のアカウントで投稿する際、プライバシー保護の設定が不十分だった場合や、何気ない内容でも個人が特定できてしまう場合もあるため、投稿する内容には注意が必要となる。

《不適切な投稿・発信の例》

・顧客情報や企業の製品情報など、業務で知り得た情報を個人のアカウントで投稿する。
・ライバル会社に関する誹謗中傷を投稿する。
・人種差別や偏った政治思想に関する内容を投稿する。

・著作権や肖像権など、他人の権利を侵害する内容を投稿する。
・誤った企業情報や古い製品情報などを、企業の公式アカウントで発信してしまう。

● 写真の位置情報

GPS 機能が搭載されているスマートフォンやデジタルカメラで撮影した写真には、設定によっては撮影日時や場所の位置情報（GPS 情報）などの **Exif 情報** が自動登録される。そのような画像データを安易に SNS に投稿すると、自宅や居住地域、生活パターンなどが特定されやすくなる。それによって、空き巣やストーカーなどの犯罪に遭う危険性が高まる。

● 短縮 URL の利用

URL を短縮して表示するサービスを利用することにより、本来の URL よりも少ない文字数で表示できるため便利ではあるが、一見しただけでは何のサイトにリンクしているか判断しにくい。また、短縮 URL を悪用して、フィッシングなどの不正なサイトに誘導される場合もある。

● 偽アカウント・架空アカウント

提供されるサービスによっては、本人確認をしなくてもアカウントを取得できるものもあり、これを悪用して本人や企業の担当者になりすまし、偽アカウントや架空アカウントから投稿する場合もある。

2　SNS の利用とその対策

SNS 利用において、投稿や発信をする際には、その内容に十分注意しなければならない。また、SNS への投稿は誰でもできることや、他人の投稿を再投稿できることから、SNS の情報は鵜呑みにせず、情報の信頼性や信ぴょう性などの確認が必要となる。また、本人確認ができない場合は、そのアカウントは安易にフォローしないようにする。

企業・組織における SNS の対策として、規程類の整備や従業員教育、権限や役割の明確化などを行う。

● 規程類の整備

ソーシャルメディアに関するポリシーやガイドラインなどを策定し、企業・組織としての指針を明確にする。一般的に、次のような規程文書がある。
《社内向け》
・ソーシャルメディアポリシー

ソーシャルメディアの運用方針について定めた文書

・ソーシャルメディアガイドライン

従業員がソーシャルメディアを利用する際のルールなどを定めた文書

《社外向け》

・コミュニティガイドライン

ソーシャルメディア運用上の免責事項や禁止事項、削除方針、調停などの
ルールを、外部の利用者に向けて解説した文書

なお、「ソーシャルメディアポリシー・ガイドライン」として、一つの文書
にまとめる場合もあり、コミュニティガイドラインを策定しない場合もある。
これらの規程やルールに関しては、従業員に対して周知することが重要であ
り、教育によって理解させる必要がある。

●権限・役割の明確化

公式アカウントから発信する際は、担当者を限定する。さらに、発信前には
その内容を責任者が必ず確認する。

また、業務用の端末（パソコン、スマートフォン）などから SNS に安易に
投稿が行えないように、業務以外での利用を制限する。そのための端末管理が
行えるソフトウェアなどを導入する。

Column レピュテーションリスク

企業や組織、製品、サービス、従業員などに関するネガティブな情報が世間に広まり、
企業の信用やブランドが損なわれ、企業経営にダメージが及ぶことによって生じる損失
リスクを意味する。

SNS の利用が拡大し、SNS を通じての情報発信が日常化していることにより、レピュ
テーションリスクは増大傾向にある。レピュテーションリスクの事例として、従業員の
不祥事が挙げられる。例えば、飲食店やコンビニのアルバイトによる、悪ふざけをする
動画を SNS に投稿し、それが拡散され、マスコミにも取り上げられた結果、世間から
多くの批判を受けた事例がある。

第 2 章 入退管理

第1節 ゾーニング

　情報セキュリティにおける物理的なゾーニングとは、取り扱う情報資産の重要度や機密性のレベルなどによって、情報を扱う場所や情報の保管場所を分けることである。館内・室内をいくつかのエリアに分け、フロアを分けたり、物理的な壁やパーティションなどによって区切り、物理的に分離させたりすることを意味する。

1　物理的分離

　物理的分離は、オープンエリア・セキュリティエリア・高度なセキュリティエリアの3段階に区分けする場合や、エントランスゾーン（レベル1）・来訪者ゾーン（レベル2）・執務ゾーン（レベル3）・機密情報ゾーン（レベル4）の4段階に区分けする場合など、事業内容や物理的な制約、保有している情報資産の種類などによって異なる。

【ゾーニングの具体例】

2 エリアの概要

それぞれのエリアに適した、施錠管理や入退履歴の取得などの物理的セキュリティ対策を行わなければならない。

3段階での各エリアの概要と4段階との対応は、次のとおりである。

●オープンエリア

業務時間内に来訪者などの立ち入りが可能なエリアであり、受付の設置や必要に応じて警備員の配置などを行う。ロビー（談話スペースや商品展示コーナー）や来訪者向けの打合せコーナーなどを設置し、レベル1のエントランスゾーンの一部とレベル2の来客ゾーンが該当する。

●セキュリティエリア

従業員が業務を行う執務エリアであり、従業員向けの会議室や備品庫などを設置する。オフィスエリアなどと呼ぶこともあり、レベル3の執務ゾーンが該当する。情報資産を多数取り扱うため、原則として、部外者の立ち入りを禁止する。また、出入り口は、常時施錠し、IDカードなどで入退管理を行い、入室・退室の履歴を取得し、必要に応じて、宅配業者との荷物の受渡コーナーを設けるなどの対策を行うことが望ましい。

●高度なセキュリティエリア

従業員の中でも、許可された者のみが入室できるエリアであり、サーバ室や資料保管庫、商品開発室、役員室などを設置する。レベル4の機密情報ゾーンが該当する。出入口は常時施錠し、IDカードなどで入退管理を行うことに加え、パスワードの入力やバイオメトリクス認証など、複数の要素で認証を行うことが望ましい。さらに、通常は無人となるサーバ室や資料保管庫などには、人感センサー付きの監視カメラを設置することが望ましい。

第2節　入退管理

ゾーニングした各エリアのセキュリティレベルに応じ、施錠管理を行う。セキュリティエリアや高度なセキュリティエリアは、原則として**常時施錠・必要時のみ解錠**とする。

また、各エリアのセキュリティレベルに応じ、入室を許可する者とそうでない者を明確にして、入退管理を行う。さらに、必要に応じて入退管理システムを導入し、それぞれのレベルに対応する認証方式を選定する。

1 入退管理システム

　入退管理装置の代表的なセキュリティゲートとして、フラッパーゲートやサークルゲートがあり、このような装置を設置することによって、**共連れ侵入やすれ違い侵入**（Ⅱ-1-1参照）を防止することができる。

● セキュリティゲート
　・フラッパーゲート

　　装置の通過時に1人ずつ認証を行い、不正通過を検知すると警報音などが鳴り、通過を阻止する仕組みであり、フラップ式とアーム式がある。

　　フラップ式は、駅の自動改札のような装置であり、建物の入り口など、多くの人が通過する場所の設置に適している。アーム式は、三又状のアームに沿って通行する仕組みであり、ビルのエントランスや、アミューズメントパークなどに設置されることが多い。

　・インターロックゲート

　　入口側の扉と出口側の扉のいずれか一方が必ず閉扉している状態となる仕組みである。装置内に入れるのは1人のみであり、正しく認証されると入口側の扉が開き、装置に入っているのが1人であることが検知できれば、出口側の扉が開く。高度なセキュリティエリアの入口に設置される場合が多い。同様の仕組みで回転筒形の装置は、サークルゲートとも呼ばれることがある。

● 入退管理システムの機能
　不正な入退室を防止する入退管理システムの機能には、次のようなものがある。
　・アンチパスバック

　　入室した際の認証記録がない入室者を退室させない仕組みであり、入室が許可されている人の後に続き、認証を受けずに入室する共連れ侵入（ピギーバック）に対して効果的である。

　・ツーパーソン制御

　　入室の際は2人を同時に照合しないと認証・解錠されず、退室の際は1人を残してもう一方の1人が退室しようとすると解錠されないという仕組みである。1人だけの在室による、不正行動のリスクを軽減する効果がある。

　・ルートチェック

　　特定のルートを通らないと入室できないようにする仕組みであり、決められている扉やエリアの順番でのみ通行が可能となる。これにより、納入業者や宅配業者などの館内でのルートを制限することができ、不正侵入を防止することができる。

2 認証方式

　セキュリティエリアや高度なセキュリティエリアへの入室制限（入室の可否）は、認証によって行う。その認証方式として、暗証番号やIDカードによる認証、**バイオメトリクス**による認証などがある。また、セキュリティレベルに応じて、単独の認証ではなく、暗証番号とIDカードによる認証や、IDカードとバイオメトリクス認証を組み合わせるなどの、**2要素認証**（Ⅲ-1-1参照）の導入も検討する。

● 暗証番号

　　本人またはグループなどで共有している暗証番号を、扉などに設置したテンキーやタッチパネルなどから入力して認証を行う。他の認証方式と比較すると低コストで導入が可能であるが、忘失や盗み見などにより暗証番号が流出の危険があり、暗証番号の変更などの管理が必要となる。

● 磁気カード

　　扉や壁などに設置したカードリーダーによって、磁気ストライプに記録されている情報を読み取り認証を行う。磁気ストライプの摩耗やカードの破損などにより、読取り不可能になる場合もあり、カードの紛失や盗難によって悪用される危険がある。

● ICカード

　　扉や壁などに設置したカードリーダーに近づける、またはタッチすることによって、ICチップに記録されている情報を読み取り認証を行う。入退管理に用いるだけではなく、社員証と兼用したり、パソコンのロックと連動させたりしているものもある。摩耗のリスクは軽減できるが、カードの紛失や盗難によって悪用される危険がある。

Reference：耐タンパ性

　タンパーレジスタンスとも呼ばれ、機器や装置などのハードウェアやソフトウェアなどが、外部からの解析や読み取り、改ざん、偽造などをされにくいようになっている状態のことであり、またその度合いや強度を指す場合もある。**耐タンパ性**を高めるためには、ハードウェアの構造や仕組みによって対策を講じる物理的な手段と、ソフトウェア上の処理によって対策を講じる論理的手段とがある。

　ICカードに埋め込まれているICチップは、耐タンパ性を高めるための様々な工夫がされていることから、不正な読取や改ざんなどに対する強度が高いといえる。

●バイオメトリクス認証

　生体認証とも呼ばれ、本人固有の情報を利用し、本人識別と認証を行う。

　・指紋認証

　　広く採用されている認証方式であり、技術の成熟度が高い。製品によっては、読取り装置に直接触れて認証を行うものもあるため、その場合は衛生面での課題があり、水分や傷などに左右されることもある。

　・静脈認証

　　外見から認証情報が判断できず、認証情報は生涯変わらないことから、認証精度が高く、装置に直接触れずに認証が行えるため衛生的である。指静脈認証や手のひら静脈認証などがある。

　・虹彩認証

　　認証情報は経年変化が少なく、同一人物でも左右で異なるため、認証精度が高いことから、厳密に本人認証が必要となるエリアなどで採用されている。ハンズフリーでの認証が可能であるが、システムによっては、認証時には読取り装置の位置を調整する必要がある。

　・顔認証

　　離れた場所からでも認証が可能であり、低解像度カメラの利用でも対応できる。スマートフォンの本人認証として搭載されているものもあり、ハンズフリーで離れた場所からの認証が可能なことから、ビルの入退管理やイベント会場での認証、一部の空港では搭乗手続きの際の本人認証などにも採用されている。

Reference：バイオメトリクス認証における判定値

　バイオメトリクス認証においては、入退管理システムの目的や運用方法などに応じて、安全性と利便性のバランスをとらなければならない。また、バイオメトリクス認証の精度は、次のようなエラー率（判定値）で表すことができる。

　・**本人拒否率**（FRR：False Rejection Rate）
　　本来認証されるべき人（本人）を、本人ではないと誤って拒否してしまう確率である。
　・**他人受入率**（FAR：False Acceptance Rate）
　　本来認証してはならない人（他人）を、本人であると誤って受け入れてしまう確率である。
　・**未対応率**（FTER：Fail To Enroll Rate）
　　装置などが生体情報を認識・登録できない確率である。

　一般的に、本人拒否率を低く抑えようとすれば、他人受入率は高くなり、他人受入率を低く抑えようとすれば、本人拒否率は高くなる。さらに、本人拒否率を高くすると利

便性が低下し、他人受入率を高くすると安全性が低下する。また、未対応率が高いと、運用面に影響が出てしまう。

3 部外者への対応

人的・物理的対策は、企業・組織の従業者に対するだけではなく、来訪者や出入り業者などに対しても行う必要がある。

●来訪者への対策

原則として、オープンエリアで対応する。セキュリティエリアに入室させる場合は、入室前に単票形式の来訪者受付票などに必要事項を記入してもらい、そのうえでゲストバッジやゲストカードを貸与する。貸与したゲストバッジは、番号などを受付票に記入し、退出時は忘れずに回収する。また、受付票は、退出時刻等を記入し、担当者が内容を確認したうえで保管する。

さらに、セキュリティエリア内では、ゲストバッジなどを見える位置に着用させ、来訪者が単独行動をしないように従業員が常に帯同することが望ましい。

●出入り業者

日常的に出入りする清掃業者に対しては、安全管理に関する事項や機密情報の非開示に関する事項を盛り込んだ契約書を取り交わす。そのうえで、入退管理に用いる ID カードを発行し、必要に応じてマスターキーなどを貸与する。

また、宅配業者との荷物の受渡しは、セキュリティエリアとオープンエリアの境界に受渡コーナーを設けるのが望ましい。物理的に設けることが難しい場合は、パーティションなどを設置して、セキュリティエリア内が見えないように物理的な壁を設ける。

●退職者

退職時には、入退管理に用いる ID カードや社員証などの返却を確認する。また、在職時に使用していた ID などは、退職後は本人が使用できないように設定の変更などを行う。

元の同僚であっても、退職者は退職をした時点で部外者となるため、退職後は一般の来訪者と同等の対応をする。

Column 防犯カメラ・監視カメラ

防犯の目的で防犯カメラを設置する場合や、従業者管理の一環でのモニタリング（Ⅱ-1-2・Column 参照）のために監視カメラを設置する場合は、記録する情報の取扱いに注意が必要である。

「個人情報の保護に関する法律についてのガイドライン（通則編）」において、防犯カメラ・監視カメラに記録された情報などで本人が判別できる映像情報は、「個人情報」に該当するとしている。個人情報を取得する際は、利用目的の通知・公表が必要であるため、防犯カメラが作動中であることの掲示や、従業員に対して監視カメラによる録画を行う旨の通知などを行わなければならない。さらに、録画した情報は、適切な取扱いが必要となり、漏えい等が発生しないように安全管理措置を行う。

なお、物理的・人的対策の観点からは、店舗の入口やビルの入り口などに「防犯カメラ作動中」などの掲示を行うことにより、犯罪の抑止力となり、安全管理措置を行っている企業・組織であることを内外にアピールすることができるようになる。

第3節　オフィス内での対策

物理的対策は、ゾーニングや入退管理だけではなく、日常的にオフィス内（執務エリア）での対策が必要となる。例えば、オフィス内で、重要書類を机の上に無造作に置いていたり、会議終了後のホワイトボードの消し忘れなどにより、情報が漏えいする場合もあるので、従業員個々による日々の対策が重要となる。

1　机上や机周りの対策

従業員個々が作業する机上や机周りは、個人に与えられたスペースであることから、セキュリティ意識が薄れる場合もある。その場合は、のぞき見や紛失、持ち去りなどが発生しやすくなる。これらの対策として、**クリアデスクポリシー**や**クリアスクリーンポリシー**の実施、**セキュリティワイヤー**の装着などが挙げられる。

●クリアデスクポリシー

机の上や机の周りには、情報漏えいにつながるものを放置してはならないという考え方（ポリシー）であり、いわゆる整理整頓の精神である。これは、BSI（英国規格協会）が規定する、企業や団体向けの情報セキュリティ管理ガイドライン BS7799で提唱されているものである。クリアデスクポリシーは、机上や机周りからの情報漏えいなどに対する防止策となり、書類の持ち去りや紛失、誤廃棄なども防ぐことができるようになる。また、オフィス内のレイアウトがフリーアドレスの場合は、次に座る人のためにも、クリアデスクポリ

シーは徹底すべきことでもある。

　クリアデスクポリシーの具体例として、次のようなことが挙げられる。

・退室時や離席時には、机上の書類やマニュアルなどを、机の引出しやキャビネットなど、元の場所に戻して保管し、必要に応じて施錠管理する。

・退室時には、ノートPCやタブレット、USBメモリなどは、鍵のかかる机の引出しや施錠管理できるキャビネットなどで保管する。

●クリアスクリーンポリシー

　クリアデスクポリシーと同様に、BS7799で提唱されているものである。クリアスクリーンポリシーは、パソコンなどの画面に表示されている情報の盗み見や、第三者による操作を防ぐための対策を行うことである。

　クリアスクリーンポリシーの具体例として、次のようなことが挙げられる。

・離席時には、OSによるスクリーンセーバの起動やスリープモードへの切り替え、画面ロックなどを行い、スクリーンセーバやロックなどの解除には、パスワードによる認証を行う。

・USBキーによって、画面をロックできるツールやアプリケーションを導入し、長時間の離席時や退室時には、USBキーを外すことによって、画面をロックする。また、必要に応じて、ログイン時にはUSBキーの挿入と併用して、パスワードによる認証も行う。

・長時間の離席や退室時には、システムからログオフをして、パソコンをシャットダウンする。

●セキュリティワイヤー

　ノートパソコンや周辺機器、ネットワーク機器を机などに固定させ、不正な持出しや盗難を防止するための金属製の器具である。

　シリンダ錠やダイヤル錠などでロックすることによって、不正な持出しや盗難を防止することができるようになるだけではなく、製品によっては、使用していないポートを塞いで機器やケーブルの不正な接続などを防止することができるものものや、本体が外れたりワイヤーが切れたりすると、アラームで知らせるものもある。

2　紙媒体の管理

　ペーパレス化が進んでいる現状であっても、契約などを紙の書面で交わしたり、書類などをファックスで送受信したりする場面もあるため、紙媒体からの情報漏えいが発生するケースもある。また、保管期間を過ぎた法定調書（帳簿類）などの処分の際にも、充分な注意が必要である。

● 複合機の対策

印刷機能・コピー機能・FAX 機能・スキャン機能などが搭載されている複合機については、複数人で利用する際には、出力紙の取り違いや回収漏れなどによって、情報漏えいが発生する場合があるため、次のような対策を行う。

・利用者の制限

IC カードを所持しないと出力できないようにして、利用者を制限する。また、出力には、出力の操作をした本人が、IC カードを複合機のカードリーダーにタッチしないと出力できないように設定することにより、出力紙の取り違えを防ぐようにする。さらに、IC カードによって、ログを取得することにより、不正なコピーやスキャンなどに対する抑止力にもなる。

・ファックス送信時

頻繁に利用する送信先は、番号を登録しておくことにより、誤送信を防ぐようにする。また、テンキーからファックス番号を直接入力して送信する際は、確認のために同じ番号を複数回入力し、番号が一致しないと送信できないような機能を利用する。

・不正コピー対策

機密情報が含まれる書類は、特殊な地紋を埋め込んで印刷しておき、その書類をコピーすると、牽制文字が浮かび上がるようにしたり、印刷面がグレーに塗りつぶされるような設定にし、不正コピーを防ぐようにする。

・蓄積データ

スキャナーによる原稿読み取りやパソコンからの出力などの際、一時的に複合機内のハードディスクやメモリに保存される。これらのデータから情報漏えいが発生しないように、データの上書きや逐次消去ができるような設定にする。

● 紙媒体の廃棄

業務で使用した書類やメモ類は、シュレッダーで細断した後に廃棄する。特に、個人情報や技術情報などの機密性が高い書類については、復元されないように、細断しなければならない。

または、セキュリティボックスなどを用意して一カ所にまとめ、専用業者に回収を依頼する。大量の書類を一度に廃棄する際などには有効である。なお、業者に依頼して回収し、焼却または溶解処理をする際は、業者と**秘密保持契約**を締結し、**廃棄証明書**の提出を義務付ける。必要に応じて、焼却や溶解処理をする場所に立ち会い、処理の状況を確認する。

3 情報の受渡し・移送

　情報の受け渡しや移送については、授受管理を行い、情報の機密度や容量、運用状況などに応じて、適切な方法を選択する。

　個人情報や技術情報など、機密性の高い情報の受け渡しや移送については、盗難や紛失、情報の抜き取りなどによる情報漏えいが発生しないように、次のような充分な対策を行う。

　※メールやネットワークストレージサービスなどの通信回線を利用する移送については、Ⅲ-8,9を参照。

● 授受確認

　発送する側は、相手が確実に受け取るよう、事前に移送する旨を電話などで連絡し、受け取る側は、受取りを確認したら直ちにその旨を発送者に伝える。

　特に、ファックスによる送信の場合は、必ず**授受確認**を行い、送信する側は送信後の書類の取り忘れに注意し、受信する側は、連絡を受けたら直ちに受信した書類の回収を行う。

● 紙媒体・電子媒体の移送

　・従業員による移送

　　電車などの交通機関を利用する場合は、手元から離さないようにする。社用車などを利用する場合は、車内に置いたまま車から離れないようにする。

　・郵便や運送業者による移送

　　配達状況や受取り状況などが確認できる追跡サービスを利用する。また、必要に応じて、位置情報が確認できる端末機を搭載したロック式の専用ケースを用いて移送するサービスの利用や、郵便物が壊れたり、届かなかったりした場合に、一定の損害要償額の範囲内で実損額を賠償する書留のサービスなどを利用する。

第4節　モバイル機器の利用管理

　スマートフォンやタブレット端末、ノートPCなどのモバイル機器（携帯端末）は、多くの場合、場所を選ばずに使用でき、業務においては迅速に対応できるため、利便性が高い。その反面、情報を持ち歩くこととなることから、さまざまな脅威が存在する。

1 スマートデバイスの脅威と対策

　スマートデバイス（スマートフォンやタブレット端末）も、パソコンと同様に利用管理を行わなければならない。

●スマートデバイス利用の脅威

　パソコンと同様に、不正プログラムの感染や、不正なアプリケーションのインストールなどの危険性がある。さらに、携帯することから、紛失や盗難の危険も高くなる。また、利用する場所によって、のぞき見や盗み聞きなどの危険もある。

Column　スマートフォンの改造

　スマートフォンに対し、OS における特権的な管理者アカウント（root アカウント）でシステムを操作できるように改造することを、iOS では **ジェイルブレイク**（jailbreak：脱獄）、Android では **ルート（root）化**という。

　ジェイルブレイクやルート化によって、通常ではインストールできないアプリをインストールができたり、OS の設定を変更したりすることができるようになる。

　しかし、スマートフォン利用の自由度が高まる一方で、不正アプリやサイバー攻撃などの危険性が高まる。さらに、ジェイルブレイクやルート化を行ったスマートフォンは、メーカーやキャリアからの保証を受けることができず、サポートの対象外となる。このようなことから、ジェイルブレイクやルート化は、セキュリティの観点からも推奨されていない。

●スマートデバイス利用の対策

　パソコンと同様に、セキュリティソフトを導入し、OS やアプリはアップデートして常に最新の状態を保つようにする。また、アプリをインストールする際は、信頼できるサイトから行う。Android の場合は、インストールする際に表示される「アクセス許可」に関する内容を確認し、提供元不明のアプリはインストールしない。

　また、盗難や紛失に備え、パスコード（PIN）などによるデバイスロックを行う。さらに、キャリアやベンダーなどが提供している次のような機能も有効にしておくことが望ましい。

・リモートワイプ

　遠隔地から通信回線を介して、デバイスに記録されているデータを消去したり、無効化したりする機能である。

・リモートロック

　遠隔地から通信回線を介して、デバイスにロックをかけることで、操作をできないようにする機能である。

・ローカルワイプ

　デバイスロックの解除や利用者認証のためのパスコードなどの入力を、一定回数以上間違えた場合、デバイスに記録されているデータが消去され、初期化される機能である。

PIN

PIN（Personal Identification Number）は、PIN コードやパスコード、個人認証番号などとも呼ばれる。

スマートフォンや携帯電話などでは、SIM カードを端末に挿し込むとき、または電源をオンにしたときに入力を求められる、4 ～ 8 桁の番号である。PIN は設定した SIM カードやスマートフォンでのみ有効であるため、安全性が高い。つまり、PIN は SIM カードやスマートフォンとセットになっているため、PIN が盗まれたとしても、別のスマートフォンで利用することはできない。

2　業務におけるモバイル機器利用の形態

リモートワークの導入に伴い、業務においてはモバイル機器の利用が多くなっている。モバイル機器の利用形態として、次の 2 つに大別される。

・企業・組織からの端末の貸与

　　企業・組織がモバイル機器を購入し、従業員に貸与する形態であり、セキュリティ上、比較的安全性が高い。一方で、導入・運用コストが高くなり、機器の管理も煩雑になる場合もある。

・個人所有の端末の利用

　　個人が所有しているモバイル端末を業務に利用する形態であり、企業・組織側は導入・運用コストが発生しないが、セキュリティ上、危険な状態である。

　　端末の紛失や盗難に遭った際は、業務に利用している情報が漏えいする危険があり、不正なアプリを不用意にインストールしたことにより不正プログラムに感染し、情報漏えいや情報の消失などが発生する危険がある。

●シャドー IT

　　企業・組織が許可をしていない、あるいは情報システム部門などが把握できていない状態で、個人または部門などが独自に購入した、モバイル機器や IT 周辺機器、外部サービスなどを利用することである。外部サービスには、チャットツールやフリーメール、クラウドサービスなどがある。

　　シャドー IT が行われる背景の一つとして、業務で使用する機器やサービスに不便を感じていることが挙げられる。また、最近ではリモートワークの導入により、作業の効率化や利便性を重視し、手軽に利用できるサービスなどが増えたこともその要因といえる。

　　シャドー IT の大きなリスクとして、モバイル機器からの情報の漏えいが挙げられる。これは、その機器を所有している本人の個人情報だけではなく、業

II

脅威と情報セキュリティ対策①

務で使用する情報が漏えいする場合もある。また、アカウントが乗っ取られた場合、社内ネットワークに侵入され、それによって企業秘密の漏えいや情報の改ざん・破壊などが行われることがある。

● BYOD

個人所有のモバイル機器等を、業務で利用する形態である。BYOD（Bring Your Own Device）とシャドーITとの大きな違いは、モバイル機器の利用を企業・組織側で管理し、その利用を推進していくことにある。

《BYOD導入のメリット》

・**コストの低下**

企業・組織におけるモバイル機器の購入や運用コストを抑えることができるようになる。

・**業務効率向上**

従業員が普段から使い慣れている機器を利用することで、業務効率が向上し、それによって労働時間短縮につながり、ワークライフバランスを保ちやすくなる。

・**シャドーITの抑止**

BYODの導入にあたり、運用に関するルールを定めることにより、個人の判断での機器の利用やサービスの利用をなくすことができ、モバイル機器利用のリスクも低減することができるようになる。

・**端末数の削減**

従業員は、個人所有の端末をそのまま業務で使用するため、私用と業務用の端末（モバイル機器）を複数持ち歩かずにすむようになる。

・**移動時間の短縮・削減**

従業員は、常に業務用の端末を携行するため、出社せずに自宅などで業務を行うことができる。それによって、移動時間が短縮・削減されることにより、顧客への対応が迅速に行えるようになる。

《BYOD導入のデメリット》

・**リスクの増大**

端末の紛失・盗難などにより、所有する従業員の個人情報だけではなく、業務に関連する情報が漏えいする危険がある。また、企業・組織が保有している情報の持出しが容易になってしまう。

・**第三者による利用**

同居家族などの第三者が利用する可能性があり、その場合は、適切ではないサイトへの接続や、不正なプログラムのダウンロードの危険も高まる。

・**労務管理の複雑化**

時間と場所を選ばずに業務を行えるため、仕事とプライベートの区別がつきにくくなり、労務管理が複雑化する。状況によっては、実質的なサービス残業となり、従業員の心理的負担も増加する。

・**従業員のプライバシーの把握**

端末の利用を企業・組織が管理することにより、従業員のプライベートな情報を必要以上に把握してしまう場合がある。

《BYOD 導入のポイント》

BYOD を導入するにあたり、マニュアルや手順書などの規程類を整備し、ルールを明確にして従業員に周知する。ルールや運用方針の具体例として、次のようなことが挙げられる。

・モバイル機器を、どの業務まで対応するか、その範囲を明確にする。

・アドレス帳など、従業員のプライベートなものと業務用のものの切り分けを明確にする。

・業務時間内は私的な利用を制限するなど、時間帯の制限を設ける。

・機器の紛失や盗難の際の対応手順を周知する。

・インストールするアプリの許可／禁止の条件などを設ける。

3 モバイル機器の管理

モバイル機器の利用において、シャドー IT への対策や BYOD 導入に関するリスクの低減をするための対策として、**EMM**（Enterprise Mobility Management）がある。EMM はモバイルデバイス（携帯端末）を統合的に管理する仕組みであり、**MDM**、**MAM**、**MCM** によって構成される。

● MDM（Mobile Device Management）

モバイルデバイスを管理する手法であり、それを実現するソフトウェアやシステムなどである。狭義の EMM や**エンドポイントセキュリティ**と同義で用いられる場合もある。モバイルデバイスのシステム設定、マルウェア対策、デバイス内のアプリケーション管理、デバイス内の情報や性能の把握などを行う。**ローカルワイプやリモートロック**などの機能、GPS で従業員の位置情報をリアルタイムに把握する機能などが搭載されている製品もある。

● MAM（Mobile Application Management）

モバイルデバイスで利用するアプリケーションを管理する手法であり、それを実現するソフトウェアやシステムなどである。アプリケーションのインストールの制限、スクリーンショットやコピー＆ペーストの制限などの機能があ

る。MAMによって、1台のデバイス上でプライベートと業務のデータを分けて管理することができ、**リモートワイプ**が搭載されている製品もある。

● MCM（Mobile Contents Management）

　モバイルデバイスで利用する文書・動画・画像・音声などのコンテンツを管理する手法であり、それを実現するソフトウェアやシステムなどである。コンテンツ登録や、コンテンツの編集・配信、アクセス権限管理・閲覧期限の設定などを行う。MCMによって、業務で必要となる営業資料や会議資料といった書類・画像などをクラウド上で集中管理することができるようになる。

第1節　建物や設備への対策

　建物や設備に関して、不正侵入などの対策だけではなく、自然災害や火災、電力障害などへの対策が必要となる。災害が発生した際には、通信システムや情報システムにおいて、可用性が低下することとなる。

1　自然災害への対策

　自然災害の発生頻度は比較的低いが、規模や発生するタイミングによっては、広い範囲に影響を及ぼすこととなる。

●地震

　建物内の地震対策として、サーバラックやパソコンなどの機器に、転倒防止や落下防止の器具を装着する。なお、大規模な地震が発生した際は、一定の地域でインフラに大きく影響が出ることとなるため、距離の離れた別の場所に、バックアップ用の機材やデータなどを保管しておくことなどで、システムの可用性を保つようにする。例えば、**バックアップサイト**や **DR（Disaster Recovery）サイト**を構築しておく（Ⅱ-3-2・3参照）。

●落雷

　建物に落雷からの保護を適用するだけではなく、**雷サージ**への対策が必要となる。

　雷サージとは、落雷の際に瞬間的に高い電圧（異常高電圧）が発生して、その異常高電圧の影響で異常な過大電流が流れる現象のことである。雷が建築物や電線などに直接落雷した場合には、非常に大きな雷サージ電流が流れ、建築物や電気設備に大きな被害をもたらす。また、雷サージは、通信線や電源線などを伝って建物内に流れ込むことがあり、その場合は、パソコンや通信機器などが故障してしまったり、機器内部が焼損する恐れがある。

　雷サージへの対策として、サージ保護機能が搭載されている電源タップ（サージプロテクタ）を装着する。また、雷が近づいたらパソコンや通信機器などの電源を切り、電源ケーブルをコンセントから外すことが望ましい。

2 その他の災害への対策

●電力障害

　重要な業務の運用をサポーとする装置には、UPS（Uninterruptible Power Supply：**無停電電源装置**）を設置する。この装置は、外部からの電力供給が途絶えても一定時間電力を供給することができる装置であり、落雷の際などに発生する短時間停電（瞬断・瞬停）や自然災害による大規模停電などの電源障害が発生した際に、コンピュータや通信機器などに電力を供給することで、業務を継続したり、あるいは安全にシャットダウンするための時間を確保することができる。建物内の電源全体をカバーする大型のものや、機器と電源の間に設置するものなど、様々な製品がある。

　また、常に一定の電圧及び周波数で電力を供給する交流電源（装置）、及び電源装置などが持つそのような出力電流の安定化機能を CVCF（Constant-Voltage Constant-Frequency：定電圧定周波数・交流安定化電源）といい、UPS の中には CVCF としての機能を組み込まれたものも多い。

　なお、UPS は、電源を供給できる時間が限られているため、長時間の停電には対応できない。そのため、長時間にわたる停電でも処理の継続が求められる場合は、非常用の発電機を設置することが望ましい。

●ネットワーク障害

　通信回線でトラフィック（ネットワーク上を流れるデータの通信量）が集中することにより**輻輳**が発生した場合、通信機能が低下し、通信遅延やネットワークダウンなどの障害に発展することもある。

　輻輳が発生する原因として、次の2つが挙げられる。

①通常よりもトラフィックが多く発生している場合

　例えば、社内のパソコンの OS やアプリケーションを一斉にアップデートしたり、**DoS 攻撃**（Ⅲ-3-2参照）を受けたりした場合に通常よりも多くのトラフィックが発生する。

②ネットワークの帯域幅が不十分な場合

　帯域幅とは、通信速度の上限を意味し、帯域幅が広いと一度に送信できるデータ量が多くなる。つまり、ネットワークの帯域幅が不十分な状態では、通信遅延などが発生しやすくなる。

　輻輳への対策としては、前述の①のような場合は、社内のネットワークの通信量を監視し、利用状況を把握したうえで、帯域を広げたり、回線の二重化をしたりすることにより可用性を高めるなどの対策を講じる。また、利用している通信サービス（インターネット回線）の見直しなどの検討も行う。

●火災

　火災が発生した際には、コンピュータや通信機器などに対し、消火設備が作動しても、機器へのダメージがないように配慮しなければならない。

　例えば、サーバルームなどに対しては、窒素ガスなどのガス系消火設備を設置する。また、煙検知システムなどの火災予兆検知設備を設置することが望ましい。

Reference：「情報システム安全対策基準」

　経済産業省の「情報システム安全対策基準」は、情報システムの機密性、保全性及び可用性を確保することを目的として、自然災害、機器の障害、故意・過失等のリスクを未然に防止し、また、発生したときの影響の最小化及び回復の迅速化を図るため、情報システムの利用者が実施する対策項目を列挙したものである。そのため、物理的対策として参考となる基準といえる。

　この基準では、対象を、建物、コンピュータ室、事務室、データ等保管室、端末スペースに分け、設置基準、技術基準及び運用基準で構成して、それぞれの適用区分に応じた対策項目を示している。

【対策項目の一例】

・「設置基準」の「設置環境」における「内装」
　(1) 建物及び室の内装は、不燃材料を使用すること。
　(2) 室の壁及び天井材料は、防音性能を有すること。
　(3) 室の照明器具は、防眩措置を講ずること。
　(4) 室のフリーアクセス床の主要部分は、不燃材料を使用すること。
　(5) 室の床表面材料は、静電気による影響を防止する措置を講ずること。
　(6) 建物及び室のカーテン、ブラインド、じゅうたん等は、防炎性能を有するものを使用すること

・「技術基準」の「災害・障害対策機能」における「災害対策機能」
　(1) 情報システムは、代替運転する機能を設けること。
　(2) データ及びプログラムを復旧する機能を設けること。
　(3) 回復許容時間に対応したバックアップ機能を設けること。
　(4) 情報システムを遠隔地でバックアップする機能を設けること。

《出典》
https：//www.meti.go.jp/policy/netsecurity/downloadfiles/esecu03j.pdf

---

第2節　システム障害への対策

　自然災害や電力障害などに備え、システムの信頼性や耐障害性を高める必要があり、障害対策としてさまざまな仕組みや手法がある。また、災害や障害発生時に代替拠点として使用する**バックアップサイト**の構築も、必要に応じて検討する。

1 耐障害対策

システムの信頼性を向上させるための考え方として、フォールトアボイダンス、フォールトトレランス、フォールトマスキングなどがある。

● フォールトアボイダンス

　なるべく故障や障害を発生させないようにすることである。個々の要素の品質を高めたり、充分なテストを行ったりすることなどにより、できる限り故障や障害の原因となる要素を排除し、信頼性を高めるという考え方である。

● フォールトトレランス

　故障や障害が発生することを前提として、障害などが発生しても、その影響を最小限にすることである。予備の系統に切り替えるハードディスクを多重化するなどにより、構成要素の一部が機能を失っても全体の性能や機能を落とさずに、稼働を続行するという考え方である。

　また、フォールトトレランスは、次の3つの概念の総称として用いる場合もある。

・フェールセーフ

　故障や障害が発生し異常な状態に陥った際に、システムを停止するなどにより、なるべく安全な状態に移行することである。

・フェールソフト

　故障や障害が発生した際に、問題となっている箇所を切り離したり、停止させたりすることにより、機能や性能を低下させてシステムの稼働を継続することである。

・フールプルーフ

　誤操作しても影響が出ない、または、誤操作できないような構造や仕組みに設計することである。

● フォールトマスキング

　故障や障害が発生しても、外部に影響が及ばないような仕組みにすることであり、他の装置に対して故障を隠ぺいしたり、自律回復したりするシステムなどを指す。

2 バックアップサイト

大規模災害やシステム障害、テロなどが発生した際、主要なITシステムの拠点での業務の継続が不可能となった場合に、緊急時の代替拠点として使用する施設のことである。バックアップサイトは、本システムの設置場所とは距離の離れた場所に構築するのが一般的であり、**DRサイト**と同義で用いられる場合もある。

　バックアップサイトには、待機状態などにより次の3つの形態がある。

●ホットサイト

　本システムと同じシステムを稼働させ、常時データの同期を取りながら待機
し、障害や災害発生時には即座に本システムに切り替えが行える形態である。
一般的に、システム稼働に必要な機材がすべて本システムと同様に設置されて
いるため、運用コストが最も高くなる。

●ウォームサイト

　本システムとほぼ同じシステムを導入して非稼働状態で待機させ、障害や災
害発生時にシステムを起動して本システムの運用を引き継ぐ形態である。一般
的に、切り替えに要する時間は、数時間から1週間程度である。ホットサイト
とコールドサイトの中間的な形態であり、引継ぎに要する時間やコストも両方
の形態の中間程度である。

●コールドサイト

　建物や通信回線など、最低限のインフラのみを確保しておき、障害や災害発
生時に必要な機材の搬入や設置、システムの設定やバックアップデータの導入
などを行う。一般的に、稼働までに要する時間は、1週間から数週間程度であ
る。最も低コストで構築・運用ができるが、最も時間を要する形態である。

第3節　事業継続

　不測の事態（緊急事態）が発生した際に、中核となる事業の継続あるいは早期
復旧のための方針や体制などを示した計画をBCP（Business Continuity Plan：
事業継続計画）という。また、BCPの策定・維持・事業継続を実現するために
行う活動をBCM（Business Continuity Management：**事業継続管理／事業継続
マネジメント**）という。また、BCMを円滑に運用するためのシステムをBCMS
（Business Continuity Management System：**事業継続管理システム／事業継続
マネジメントシステム**）という。

1　BCP

　大規模な自然災害や大火災、テロ攻撃、パンデミックなど、従業員や中核事業
等に対して重大な被害や影響を及ぼす可能性のある事態が発生した際に、企業・
組織が保有している資産の損害を最小限にとどめ、中核業務を中断させず、また
は中断しても可能な限り短期間で復旧させるための計画である。また、BCPは、
平常時に行うべき行動や、緊急時における事業継続のための方針・体制・手順な
どを示すものでもある。

2 BCM

　BCP の策定・維持・更新・見直しによる継続的改善を含む、包括的・統合的な事業継続のためのマネジメントのことである。また、BCM は、事業継続を実現するための予算や資源の確保、事前対策の実施、教育及び訓練など平常時から行うものであり、経営レベルの戦略的活動として位置づけられるものでもある。

● BCM 構築の流れ

　BCM 構築の一般的な流れを、次の図に示す。

　※経済産業省の「事業継続計画策定ガイドライン」における、「BCM 構築の一般的な流れ」の図表をもとに作成したイメージ図である。

【BCM 構築のイメージ】

●ビジネスインパクト分析

　BIA（Business Impact Analysis）とも呼ばれ、事業を構成する個々の業務が、不測の事態が発生した際に停止・中断した際の影響を分析することである。事業を継続していくうえでどこにリスクがあるのかを調査し、不測の事態が発生した際の損害の大きさや、影響する範囲の広さなどを評価する。

　ビジネスインパクト分析では、次のような分析を行う。

・環境分析

　業務を取り巻く建物や設備、インフラなどに存在するリスクの調査、分析

・業務分析

　業務を遂行するうえで、人、システム、委託先や関係者、拠点の所在地などに存在するリスクの調査、分析

●ディザスタリカバリ

ディザスタリカバリは DR（Disaster Recovery）と略され、災害復旧のことである。BCM と同様に、不測の事態が発生した際の復旧対策となるが、BCM よりも範囲が限定され、主に被害を受けたシステムの復旧を重視している。

DR のための方法として、一般的な手法はバックアップやシステムの二重化でである。また、災害発生時に代替拠点として構築するのが DR サイトであり、前述のバックアップサイトと同義で用いられる場合もある。

Reference：「情報セキュリティ継続」

経済産業省の「情報セキュリティ管理基準」において、「情報セキュリティ継続」を、次のように示している。

17.1　情報セキュリティ継続
目的：情報セキュリティ継続を組織の事業継続マネジメントシステムに組み込むため。

17.1.1　　組織は、困難な状況（adverse situation）（例えば、危機又は災害）における、情報セキュリティ及び情報セキュリティマネジメントの継続のための要求事項を決定する。

17.1.1.1　組織は、情報セキュリティの継続が事業継続マネジメント（以下「BCM」という。）プロセス又は災害復旧管理（以下「DRM」という。）プロセスに織り込まれているか否かを判断する。

17.1.1.2　組織は、事業継続及び災害復旧に関する計画を立てる場合に、情報セキュリティ要求事項を定める。

17.1.1.3　事業継続及び災害復旧に関する正式な計画が策定されていない場合に、通常の業務状況とは異なる困難な状況においても、情報セキュリティ要求事項は変わらず存続するよう定める。

17.1.1.4　事業継続及び災害復旧に関する正式な計画が策定されていない場合において、情報セキュリティ要求事項が変わらず存続すると定められない場合には、情報セキュリティの側面について事業影響度分析を実施し、通常の業務状況とは異なる困難な状況に適用できる情報セキュリティ要求事項を定める。

17.1.2　　組織は、困難な状況の下で情報セキュリティ継続に対する要求レベルを確実にするための、プロセス、手順及び管理策を確立し、文書化し、実施し、維持する。

17.1.2.1　組織は、必要な権限、経験及び力量を備えた要員を用い、中断・阻害を引き起こす事象に備え、これを軽減し、これに対処するための十分な管理構造を確実に設ける。

17.1.2.2　組織は、インシデントを管理し、情報セキュリティを維持するための責任、権限及び力量を備えたインシデント対応要員を確実に任命する。

17.1.2.3　組織は、経営陣が承認した情報セキュリティ継続の目的に基づいて、組織が中断・阻害を引き起こす事象を管理し、その情報セキュリティを既定のレベルに

維持する場合の方法を計画及び手順に詳細に記して、計画、対応及び回復の文書化した手順を確実に策定し、これらを承認する。

17.1.2.4 組織は、情報セキュリティ継続に関する要求事項に従って、事業継続又は災害復旧のためのプロセス及び手順、並びにこれらを支援するシステム及びツールにおける情報セキュリティ管理策を確立し、文書化し、実施し、維持する。

17.1.2.5 組織は、情報セキュリティ継続に関する要求事項に従って、困難な状況において既存の情報セキュリティ管理策を維持するための、プロセス及び手順の変更並びにそれらの実施の変更を確立し、文書化し、実施し、維持する。

17.1.2.6 組織は、情報セキュリティ継続に関する要求事項に従って、困難な状況において維持することが不可能な情報セキュリティ管理策を補うための管理策を確立し、文書化し、実施し、維持する。

17.1.3 確立及び実施した情報セキュリティ継続のための管理策が、困難な状況の下で妥当かつ有効であることを確実にするために、組織は、定められた間隔でこれらの管理策を検証する。

17.1.3.1 運用に関するものか、継続に関するものかを問わず、組織、技術、手順及びプロセスの変更が、情報セキュリティ継続に関する要求事項の変更につながる場合、変更後の要求事項に照らして、情報セキュリティのためのプロセス、手順及び管理策の継続性をレビューする。

17.1.3.2 組織は、情報セキュリティ継続のためのプロセス、手順及び管理策の機能が情報セキュリティ継続の目的と整合していることを確実にするために、これらの機能を実行し、試験する。

17.1.3.3 組織は、情報セキュリティ継続のためのプロセス、手順及び管理策を機能させる知識及びルーチンを実行及び試験し、そのパフォーマンスが情報セキュリティ継続の目的に整合していることを確実にする仕組みを整備する。

17.1.3.4 組織は、情報システム、情報セキュリティのプロセス、手順及び管理策、又はBCM・DRM のプロセス及びソリューションが変更された場合には、情報セキュリティ継続のための手段の妥当性及び有効性をレビューする。

《出典》
https：//www.meti.go.jp/policy/netsecurity/downloadfiles/IS_Management_
Standard_H28.pdf

Ⅲ. 脅威と情報セキュリティ対策②

Chapter

Ⅲ

Information Security
Managing Executive

第1章 利用者の管理

　社内システムや Web、メールなどの利用において、さまざまな脅威が存在する。その対策として、システムなどを使う側（利用者・ユーザ）の管理が重要となる。

第1節　本人認証

　システムなどに対して、利用（アクセス）を許可する者と許可しない者を明確にし、許可する場合は、情報の機密度や重要度などに応じた本人認証が必要となる。

1　認証の要素

　利用者（本人）認証は、認証に用いる要素により、**知識認証・所有物認証・生体認証**（バイオメトリクス認証）の3つの認証方法に大別することができる。

・**知識認証**（**WYK認証**：What You Know）

　本人のみが知る情報により認証する。忘失や盗用の危険がある。

　　例：パスワード、PIN（Ⅱ-2-4 Column 参照）、秘密の質問など

・**所有物認証**（**WYH認証**：What You Have）

　本人のみが持つものにより認証する。紛失や盗難だけではなく、複製や安易な貸し借りなどにより、なりすましが安易に行えてしまう。

　　例：スマートフォンの SMS 認証やアプリ認証、トークン（Ⅲ-8-x 参照）、IC
　　カードなど

・**生体認証**（**WYA認証**：What You Are）

　本人固有の身体的特徴や行動的特徴により認証し、位置情報による認証を含める場合もある（Ⅱ-2-2参照）。なりすましの危険性は低いが、指紋認証の場合は怪我や外的要因により認証されない場合もある。

　　例：指紋・静脈・虹彩・顔・声紋による認証、署名認証など

2　多要素認証

　多要素認証は、マルチファクタ認証や MFA（Multi Factor Authentication）などとも呼ばれ、知識認証・所有物認証・生体認証のいずれかの要素を2つ以上

用いて行う認証である。これによって認証の精度と安全性を高めることができ、**二要素認証**が主流となっている。

● 二要素認証

二要素認証は、2ファクタ認証や2FA（2-factor authentication）などとも呼ばれ、認証の要素を2つ用いて本人認証を行う。「知識認証＋所有物認証」や「知識認証＋生体認証」などの組合せで、異なる要素による認証が求められる。

・認証のプロセス例（知識認証＋所有物認証）

　　1．Webサービスのログイン画面でパスワードを入力する（知識認証）

　　2．あらかじめ登録してある本人所有のスマートフォンに、1回限り有効のパスコードがSMSにより送信される

　　3．送信されたパスコードを認証画面に入力する（所有物認証）

● 二段階認証との違い

二段階認証は、2ステップ認証（2-step authentication）などとも呼ばれ、2回連続して認証を行い、両方の認証をパスしたときのみ本人であることが確認される。二要素認証と異なり、要素の種類は問われず、1つの要素を2回続けて認証で求められることもある。そのため、二要素認証のほうが安全性が高いといわれている。

・認証のプロセス例（知識認証＋知識認証）

　　1．Webサービスのログイン画面でパスワードを入力する（知識認証）

　　2．ログイン後、あらかじめ登録してある「秘密の質問」とその「答え」を入力する（知識認証）

なお、二要素認証も2回認証を行うため、二段階認証の一つであるといわれる場合もある。

Column　eKYC

KYC（Know Your Customer）とは、本人確認のことであり、サービスの提供者が、会員登録や加入、取引などを申し出た顧客などに対し、その身元や実在性、連絡先などを確認することである。

そのような本人確認を電子的手段で行うのが、eKYC（electronic Know Your Customer）である。インターネットやスマートフォンなどを用いた確認手続きであり、窓口に直接出向いたり、書類を郵送するなどの手間を省いて、オンラインで即時に手続きを行うことができる。

背景として、金融庁が「犯罪による収益の移転防止に関する法律」（犯罪収益移転防止法）の施行規則を改正したことにより、金融機関や資金移動サービスを手掛けるネット事業者などによるKYC手続きの電子化が可能となり、さまざまなサービスで導入され

るようになった。

　また、「犯罪収益移転防止法施行規則」により、個人向け顧客に対する本人確認方法として、本人確認書類を用いた方法と電子証明書を用いた方法、法人顧客向けと「電子認証登記所発行の電子証明書」を用いた方法がそれぞれ規定されている。

　例えば、個人顧客の本人確認方法として、「写真付き本人確認書類の画像」＋「容貌の画像」の方法があり、氏名・住所・生年月日・本人写真が確認できる書類の画像とその場で写した本人の容貌が確認できる画像を、スマートフォンから送信することにより、本人を確認する。

第2節　パスワードによる認証

　パスワードによる本人認証は、最も一般的な認証方式であり、ユーザIDとのマッチングによって行われる。

1　パスワードに関する脅威

　パスワードによる認証は、導入・運用は容易であり、ユーザにとっては特別な技術を要することなく認証が行えることもあり、身近な認証方式といえる。しかし、パスワードの強度と利便性はトレードオフの関係にあり、パスワードが盗用された場合は、なりすましによる情報漏えいや情報の改ざんなどが行われ、さまざまなリスクが発生することとなる。

●パスワードクラックの手法

　パスワードクラックとは、パスワードに関するデータの分析・解析によって、パスワードを不正に入手することである。代表的な手法として、次のようなものがある。

・辞書攻撃（ディクショナリアタック）

　ユーザがパスワードとして使いそうな文字列や、辞書に登録されている単語や人物名などをデータベース化し、それらを組み合わせたものを順に当てはめていき、パスワードを推測して、不正ログインを試みる手法である。

・総当たり攻撃（ブルートフォースアタック）

　英数字や記号、もしくはそれらを組み合わせたあらゆる文字列を機械的に総当たりで試行し、不正ログインを試みる手法である。辞書攻撃も、総当たり攻撃の一種である。

・逆総当たり攻撃（リバースブルートフォースアタック）

　総当たり攻撃は、ユーザIDを固定して次々にパスワードを変えて試行するのに対し、逆総当たり攻撃は、パスワードを固定して次々にユーザIDを

変えて試行し、不正ログインを試みる手法である。

パスワードクラックの対象によって、**オンライン攻撃**と**オフライン攻撃**の2つに分類する場合もある。

・オンライン攻撃

　実際に動作しているサーバに対し、ユーザIDとパスワードを送り、認証に成功するかどうかを調査する手法である。

・オフライン攻撃

　ユーザID・パスワードや属性情報などが記録されているパスワードファイルや、パスワードがかけられているファイルを入手し、攻撃者のコンピュータにそのファイルをコピーしてパスワードクラックを試みる手法である。

●パスワードに関する攻撃

　パスワードを不正に取得したり、パスワードを不正に取得したことにより実行される攻撃として、次のような手法が挙げられる。

・パスワードリスト攻撃

　アカウントリスト攻撃や**リスト型アカウントハッキング攻撃**などとも呼ばれ、他のWebサイトやサービスなどで利用されているユーザID・パスワードのリストを不正に入手し、それを用いて別のWebサイトやサービスなどへの不正ログインを試みる攻撃手法である。複数のWebサイトやサービスなどで、パスワードを使い回していると、この攻撃に遭いやすくなる。

・レインボー攻撃

　レインボーテーブル攻撃とも呼ばれ、ハッシュ値から平文を解読する攻撃の一種である。レインボーテーブルとは、ハッシュ関数（Ⅲ-8-2参照）によりハッシュ化されたパスワードのハッシュ値から、元のパスワードを割り出すために用いるテーブル（リスト）の一種である。このハッシュ値を不正に取得し、リストと照合してパスワードを推測し、不正ログインを試みる手法である。

・スニッフィング

　パケット盗聴やパケットスニファリングなどとも呼ばれ、ネットワークを流れるパケット（データ）を盗聴することであり、ユーザID・パスワードなどの情報を盗み出すことである。

・リプレイアタック

　反射攻撃や再生攻撃などとも呼ばれ、パスワードなどのユーザ認証データの

送受信を盗聴し、得られたデータをそのまま用いてそのユーザになりすます手法である。パスワードが暗号化されている場合であっても、暗号化された後のデータを使うため、正規のユーザからのログインとして認証されてしまう。

2　パスワード管理

パスワードに関する脅威は、クラッキングなどの技術的な手法だけではなく、本人の不注意によるパスワードの漏えいや、パスワードの使い回し、強度の低いパスワード設定するなどの、利用者が原因となる場合もある。

例えば、覚えやすさを優先して、数字のみの4桁のパスワードを設定した場合、0000～9999までの1万通りの組合せとなり、瞬時に解析されてしまう。また、半角英数（小文字）の4桁のパスワードを設定した場合、英字26文字＋数字10文字を用いるので、$36 \times 36 \times 36 \times 36 = 1,679,616$通りの組合せとなり、この場合も短時間での解析が可能となる。

このようなことから、パスワードの文字数が多いほど、文字の種類が多いほど、クラッキングされにくいパスワードとなり、パスワードの安全性が高まることがわかる。

●強度の高いパスワードの設定

強度の高い（安全な）パスワードとは、他人に推測されにくく、ツールなどの機械的な処理で割り出しにくいものである。

強度の高いパスワードの作成条件として、次のようなことが挙げられる。
・適切な長さの文字列であること
・名前などの個人情報からは推測できないこと
・「password」や「info」、「admin」など、英単語や用いられやすい略語などをそのまま使用していないこと
・アルファベットの大文字と小文字、数字、記号と数字が混在していること
・類推しやすい並び方やその安易な組合せにしないこと

●パスワードの利用・管理方法

ユーザ自身による、基本的なパスワードの利用・管理の方法として、次のようなことが挙げられる。
・パスワードは、同僚などに教えないで、秘密にすること
・パスワードを電子メールで直接やりとりしないこと
・パスワードのメモをディスプレイなど他人の目に触れる場所に貼ったりしないこと
・やむを得ずパスワードをメモなどに記載した場合は、鍵のかかる机や金庫な

ど安全な方法で保管すること
・パスワードを複数の Web サービスやシステムなどで使い回しをしないこと
・付与された初期パスワードは、即時変更すること
・パスワードが流出した、またはその兆候があった場合は、管理者に連絡し、
　パスワードを即時変更すること

第3節　アクセス制御

　アクセス制御（アクセスコントロール）とは、ネットワークシステムや情報システム、端末などに対する、ユーザが行う操作やデータの閲覧・書込みなどに関する権限を制御することである。

　アクセス制御を行うことにより、アクセスを許可されているユーザ以外からのアクセスをブロックするため、外部からの不正アクセスや、内部不正による情報の持出しなどの脅威を軽減することができるようになる。

　情報システムなどで、サーバやディレクトリ、フォルダ、ファイルなどに対し、誰にアクセスを許可するかなどのアクセス権の有無を設定したリストを**アクセス制御リスト**（**ACL**：Access Control List/ アクセスコントロールリスト）という。

1　アクセス制御の機能

　アクセス制御には、**認証、認可、監査**の３つの基本機能がある。

●認証

　ネットワークシステムや情報システム、端末などに対して、ログインを許可するユーザを識別する機能である。そのユーザのみ知っている情報・持っている情報、そのユーザの身体的特徴を用いて、本人によるアクセスであることを確認する。例えば、ユーザ ID・パスワードによる認証や、クライアント証明書、指紋や静脈などによる生体認証などがあり、これらを組み合わせて認証を行う場合もある。

●認可

　どの機能やデータに対して、どのような操作を許可するかを制御する機能である。これには、アクセス制御リストの条件を参照し、ユーザがアクセスできる範囲の制限を行う。例えば、参照のみ可能、参照と更新が可能、削除まで可能などを設定し、必要以上の操作が行えないようにして、情報を保護する。

●監査

アクセスの履歴を記録し、適切にアクセス管理が行われているかどうか、事後検証する機能である。アクセス履歴を分析することにより、認証・認可で設定したアクセス制御が適切であったかどうかを確認する。また、過去の履歴をたどれるため、不正ログインの痕跡や不正アクセスの攻撃者の特定にも有効となる。

2 アクセス制御の方式

アクセスコントロールの主な方式として、**任意アクセス制御**（DAC：Discretionary Access Control）、**強制アクセス制御**（MAC：Mandatory Access Control）、**役割ベースアクセス制御**（RBAC：Role-Based Access Control）の3つの方式がある。

●任意アクセス制御（DAC）方式

ファイルなどの情報の作成者が、アクセス権限を自由に設定する方式である。作成者によって、誰に対してファイルの参照・更新・削除などの権限を与えるかを決め、設定する。

最も一般的な制御方式であり、自由度が高いという特徴を持つが、権限の制御を作成者に委ねるため、ルールの設定が難しく、重要度の高い情報のアクセス制御には向いていない。

●強制アクセス制御（MAC）方式

管理者がユーザと操作対象にセキュリティレベルを設定し、それを比較してアクセスを制御する方式である。アクセス権限のルールは、管理者のみが設定でき、システムの所有者であっても、ルールの変更はできない。例えば、社内システムにおいて、管理職と一般社員では、参照できるデータが異なるように設定されている場合などがこれに該当する。

任意アクセス制御方式よりもセキュリティ強度は高くなるが、ユーザごとに権限を設定すると管理が煩雑になる場合がある。

●役割ベースアクセス制御（RBAC）方式

ユーザの役割に応じて、権限を設定する方式である。業務を行うために必要な範囲の権限が設定され、強制アクセス制御方式と同様に、ユーザが権限を変更することはできない。

権限は、所属部署や役職などの役割で設定されることが一般的であり、効率化とセキュリティの強化を図れ、強制アクセス制御よりも管理の負荷が軽減される。その一方で、所属部署単位で権限を設定した場合は、本来は権限を必要としないユーザにも権限が付与されてしまうこともある。

3 シングルサインオン

シングルサインオン（SSO：Single Sign On）とは、1度のユーザ認証によって、関連する他のサーバや業務用アプリケーション、クラウドサービスなどの複数のシステムの利用が可能になる仕組みである。

●導入のメリット

シングルサインオンを導入することにより、ログイン時に1つのユーザID とパスワードを入力するだけでログインが完了するため、利便性が向上し、業務効率も向上する。また、ユーザID とパスワードを一元管理できるため、IT 部門やシステム部門の負担も軽減されるようになる。

さらに、複数のパスワードを覚えるのが大変だという理由から、安易なパスワードの設定やパスワードの使い回しなどが発生しやすいが、シングルサインオンでは1つのパスワードを覚えればよいので、そのようなリスクを低減することができる。

●導入のデメリット

シングルサインオンのシステム自体が停止した場合、関連するすべてのサービスにログインができなくなり、業務に大きな影響が出る恐れがある。

また、シングルサインオンで利用するユーザID・パスワードが漏えいした場合、関連するすべてのサービスに不正アクセスされる危険性があり、システムに侵入された際のリスクは多大となる。

●シングルサインオン環境での対策

シングルサインオンの環境では、通常の認証よりもセキュリティ強度の高い認証を行う必要があるため、次のような対策が必要となる。

・パスワードポリシーの強化

例えば、パスワードは10文字以上で、かつ、半角英数字に加え記号を含め、大文字小文字を混在させるなど、パスワードポリシー（条件）を厳しく設定する。

・アカウントロックの設定

一定回数以上認証に失敗した場合は、そのアカウントは一時的にログインを許可しない設定にする。

・認証の強化

二段階認証や二要素認証の導入や、IP アドレス制限などを組み合わせることにより、認証を強化する。

Column ID ライフサイクル管理

　ユーザ ID の管理におけるライフサイクルには、次のようなフェーズがある。
①入社した際やシステムなどの利用を開始する際に行う「登録」
②人事異動や昇格／降格などの際に行う「変更」
③退社などにより ID が不要となる際に行う「抹消」
④休職や出向など、一時的にその ID を利用できないようにする「休止」や、復職などに
　より休止から再び利用できるようにする「有効化」

　ユーザ ID の一元的なライフサイクル管理を適切に行わなかった場合は、情報漏えいや
内部不正などにつながる恐れがある。そのため、上記の①〜④のライフサイクルに沿っ
たルールを設定し、そのルールに沿った運用が行えるような体制を整える必要がある。

第2章 不正プログラムの脅威と対策

　マルウェア（広義のコンピュータウイルス）などの不正プログラムは、情報システムやコンピュータ、またはその利用者に対して害を及ぼすことを目的とした、不正なプログラムである。マルウェアには多くの種類があり、亜種や新種など、さまざまなマルウェアが日々作り出されている。

第1節　マルウェアの脅威
　マルウェアに感染した場合は、システム障害や情報の改ざん・流出など、さまざまな被害が発生する。

1　マルウェアの分類
　マルウェアは、狭義のコンピュータウイルス、ワーム、トロイの木馬の3つに分類することができ、次の図のようなイメージとなる。
【マルウェアの分類】

●狭義のコンピュータウイルス
　全てのマルウェアを「コンピュータウイルス」や「ウイルス」と呼ぶ場合もあるため、本書では「狭義のコンピュータウイルス」と記述し、区別している。
　狭義のコンピュータウイルスとは、プログラムの一部を書き換えて、自己増殖

していくマルウェアである。経済産業省の「コンピュータウイルス対策基準」では、狭義の「コンピュータウイルス」を次のとおり定義している。

第三者のプログラムやデータベースに対して意図的に何らかの被害を及ぼすように作られたプログラムであり、次の機能を一つ以上有するもの。
(1) 自己伝染機能
　　自らの機能によって他のプログラムに自らをコピーし又はシステム機能を利用して自らを他のシステムにコピーすることにより、他のシステムに伝染する機能
(2) 潜伏機能
　　発病するための特定時刻、一定時間、処理回数等の条件を記憶させて、発病するまで症状を出さない機能
(3) 発病機能
　　プログラム、データ等のファイルの破壊を行ったり、設計者の意図しない動作をする等の機能

● ワーム

　　自己増殖するマルウェアであり、自身を複製して感染していく点は狭義のコンピュータウイルスと同じであるが、他のプログラムに寄生せずに単独で存在可能である。

　　ワームの種類によっては、感染後にはネットワークを介して次の感染先を探し、高速に感染していくものもある。また、ランダムなIPアドレスにアクセスして感染を広めたり、大量のメールを送信して次々に感染するなど、3種類のマルウェアの中で最も強い感染力を持っている。

● トロイの木馬

　　一見して無害な文書ファイルや画像ファイルを装い、コンピュータ内部に密かに侵入し、外部からの指令によってそのコンピュータを操作するマルウェアである。

　　なお、トロイの木馬の種類によっては、偽装を行わずにOSのぜい弱性を利用して、ユーザの意図しないところで不正なプログラムをダウンロードし、勝手にインストールしてしまうものもある（ドライブバイダウンロード攻撃：Ⅲ-3-3参照）。さらに、感染後に、攻撃者が用意したバックドア（不正にアクセスするための秘密の裏口：Ⅲ-2-1参照）を、ユーザに気付かれないように仕掛けるものもある。攻撃者は、このバックドアから侵入し、コンピュータ内の個人情報やユーザID・パスワードなどを盗み出したり、改ざんなどを行う。

2　マルウェアの侵入・感染経路

マルウェアの侵入・感染経路は、媒体感染とネットワーク感染に大別される。

●媒体感染

USB メモリなどの記憶媒体が感染経路となる場合がある。

USB メモリのブートセクタやハードディスクの MBR（Master Boot Record：マスタブートレコード／ハードディスクの先頭にある領域で、OS 起動時に最初に読み込まれる）に不正プログラム（マルウェア）が侵入した場合、そのプログラムが起動時に読み込まれて実行されるため、容易に感染してしまう。

●ネットワーク感染

メールの添付ファイルやメッセージの HTML スクリプト、Web を経由するなどによる感染がある。

・**メール感染**（Ⅲ-3-1参照）

実行形式の添付ファイル（拡張子が exe や com など）を開くことにより、そのファイルに組み込まれていたマルウェアが起動し、感染してしまう。なお、テキスト形式（拡張子が txt）の場合であっても、文書を閲覧するソフトウェアのぜい弱性を狙った攻撃も増加していることから、マルウェア感染の危険性もある。

また、メールメッセージの表示形式が HTML の場合、HTML スクリプトにマルウェアが組み込まれていると、メールメッセージをプレビューしただけでも感染することもある。

・**Web からの感染**

メールメッセージが HTML の表示形式の場合と同様に、Web ページ閲覧時に HTML スクリプトが起動し、組み込まれていたマルウェアに感染する場合もある。また、Web ブラウザへ機能を追加するプラグインソフトのぜい弱性を利用した感染も増加している。さらに、非公式アプリマーケットにあるアプリからの感染も増加している。

・**ファイル共有ソフトからの感染**

インターネットを利用して他人とファイルをやり取りするファイル共有ソフト（P to P ソフト、P2.P）を利用することにより、不特定多数の利用者が自由にファイルを公開することができるため、別のファイルに偽装するなどの方法で、マルウェアに感染する場合もある。

3 マルウェアの種類

　マルウェアには様々な種類があり、さまざまな害を及ぼすものがある。また、日々進化し、形を変えているものもあり、例えば、ランサムウェアはトロイの木馬に分類され、ボットはワームにもトロイの木馬にも分類される。

●ランサムウェア

　正常に利用できないように、侵入・感染したコンピュータのデータを人質にして、データの回復のための身代金などを要求するマルウェアである。ランサムウェアに感染すると、データが暗号化されて読み取れないようになったり、画面がロックされてコンピュータが利用できなくなる場合もある。

　身代金として代価を支払えば、そのデータを復元するためのメッセージ（復号のかぎやロックを解除するパスワードなど）が送信されるといった手口がある。

　このマルウェアを用いた従来の攻撃手法は、不特定多数に対して送り付ける「ばらまき型メール」の添付ファイルや、悪意のある Web サイトのリンクをクリックするなどにより感染するケースが多かった。しかし、新たな攻撃手法は、特定の企業や組織をターゲットにして、リモートデスクトッププロトコル（RDP：Remote Desktop Protocol）などを悪用し、遠隔からシステムに侵入して感染させるケースが増えている。

　さらに、「二重脅迫型」（ダブルエクストーション）による手口もあり、例えば、「データを取り戻したいのであれば、身代金を払え」と一度脅迫し、さらに、「身代金を支払わないのであれば、データを公開する」と二度目の脅迫を行う手口もある。

●ボット

　コンピュータを外部から遠隔操作するためのマルウェアである。ボットの種類によっては、感染したことに気付かれないように活動するものもあり、その場合はトロイの木馬に分類され、稀にワームの感染形態を持つボットも存在する。

　ボットに感染したコンピュータは、ボットを仕掛けた攻撃者に乗っ取られ、外部から遠隔操作されることとなる。このような乗っ取られたコンピュータをゾンビマシン（ゾンビ PC）と呼び、ボットに感染したゾンビマシンが集まったネットワークをボットネットと呼ぶ。また、ボットネットの司令塔となるようなサーバを C&C サーバ（Command and Control Server）と呼び、このサーバの命令でボットネットを構成しているゾンビマシンが一斉に動きだし、スパムメールの大量送信や DDoS 攻撃（Ⅲ-3-3参照）、広告詐欺などの不正な働きをする。乗っ取られたコンピュータは、所有者の気付かないところでこのような攻撃に加担することとなる。

●マクロウイルス

　マクロとは、Microsoft Excel や Word などに搭載されている、複数の操作をまとめて自動化できる機能であり、これを悪用したものがマクロウイルスである。マクロウイルスを組み込んだ Excel や Word のファイルをメールの添付ファイルとして送り付け、ファイルを開いてマクロを有効化する操作を実行することで感染する場合もある。

　感染すると、そのコンピュータ内のデータの破壊や、他のコンピュータへの感染、別のマルウェアを新たに感染させるなど、さまざまな症状を引き起こすことになる。

●エモテット（Emotet）

　悪意のある攻撃者から送信される不正なメール（攻撃メール）により、情報の窃取と他の不正プログラムの媒介を目的とする、遠隔操作型のマルウェアである。

　感染の経路として、なりすましメールを送り付け、メールメッセージにURL を記載して不正サイトに誘導して感染させたり、メールの添付ファイルを開くことによって感染させるなどのケースがある。

　感染したコンピュータは、ログイン情報などを盗み出されることがあり、遠隔操作によりボットと同様にスパムメールの大量送信に悪用されたり、ランサムウェアのなどの他のマルウェアに感染させられることがある。さらに、Web ブラウザのユーザプロファイルからクレジットカード情報を直接盗み出すタイプのものも報告されている。

4　その他の不正プログラムやツール

　本来は有用なプログラムであったものが悪用されていたり、マルウェアの動きをサポートするものなど、さまざまな不正プログラムや不正なツールが存在する。なお、これらの不正プログラムを、マルウェアとしてとらえる場合もある。

●スパイウェア、キーロガー

　スパイウェアは、ユーザが気付かないところでコンピュータにインストールされ、そのコンピュータ内のさまざまな情報収集と、それら情報の外部への送信を行う不正プログラムの総称である。無料で配布されているソフトウェアに同梱されていたり、添付ファイルなどによってコンピュータに侵入する。

　スパイウェアの代表的な手口として、キーロガー（Key Logger）と呼ばれるキーボードの打鍵情報などを収集するプログラムを悪用し、ユーザ ID・パスワード、クレジットカード情報、企業の秘密情報などを盗み出し、外部に送

信することなどが挙げられる。

　なお、キーロガーは、本来はソフトウェア開発などのデバッグ作業に用いられていたものであるが、リモートアクセス機能と合わせて、スパイウェアとして悪用されることが多くなっている。

●バックドア

　システムに不正侵入した攻撃者が、再侵入しやすいように密かに設置する侵入口、または遠隔操作を可能にする不正プログラムである。

　バックドアを設置されると、攻撃者が遠隔操作で自由に命令を実行させることができるようになり、そのコンピュータは乗っ取られた状態になる。

●ルートキット

　システムに不正侵入した攻撃者が、再侵入する、あるいは遠隔操作のために必要なソフトウェア一式をまとめてパッケージにしたものであり、管理者権限を奪う機能や、侵入や遠隔操作の痕跡を削除するなどのプログラムがある。

● RAT（Remote Administration Tool）

　遠隔操作ウイルスとも呼ばれ、不正アクセスに用いられる攻撃ツールの一種である。広義には遠隔操作を可能にするツール全般を意味するが、狭義にはトロイの木馬型（またはバックドア型）マルウェアを指す。

　RAT が侵入すると、攻撃者は外部からネットワークを通じて RAT を制御し、そのコンピュータのデスクトップのスクリーンショットを撮影して関連する情報を不正入手したり、ユーザが意図しないファイルのアップロードやダウンロード、ハードディスクの破壊など、さまざまな不正を働く。

●偽セキュリティ対策ソフト（偽ウイルス対策ソフト）

　セキュリティの不安を煽る手口で金銭を騙し取る、オンライン詐欺を目的とした不正プログラムである。

　多くの場合、ポップアップ画面などに、「ウイルスに感染しました」などの偽の警告を表示してユーザの不安をあおる。その警告に従ってウイルス駆除やシステム障害解消などの処理を実行しようとすると、「製品版の購入」や「アクティベーション」が必要である旨のメッセージが表示され、製品購入のサイトへ誘導される。そこで金銭の振込みやクレジットカード決済などによって取引がなされ、金銭をだまし取られるだけではなく、クレジットカード情報も窃取される場合もある。また、実在のセキュリティソフトのロゴや Windows Defender セキュリティセンターのアイコンなどを偽装し、それを警告画面に表示するなど、手口が巧妙化している。

第2節　不正プログラムの対策

　マルウェアなどの不正プログラムが侵入・感染しないようにするためには、日々の対策が必要であり、万が一感染してしまった場合であっても、早急に対応し、被害を最小限に抑えなければならない。

1　基本的な対策

　基本的な対策として、次のようなことが挙げられる。

・OSやソフトウェアを更新し、ベンダーから配付されたセキュリティパッチ（ぜい弱性を解消するための追加プログラム）を適用して、セキュリティホールを解消する。
・セキュリティ対策ソフトを導入し、パターンファイルは常に最新の状態にする。
・不審なメールの添付ファイルは開かない。
・既知の差出人からのメールであっても、添付ファイルを開く際には安全性を確認する。
・必要がなければ、メールソフトでのメールの表示形式はTXT形式にする。
・メールメッセージ内の不審なリンクをクリックしない。
・メールサービスのスキャンとフィルタリング機能を活用する。
・Webページからの安易なダウンロードは行わない。
・正規のWebページからのダウンロードであっても、ファイルの安全性を確認してから行う。

　また、感染した場合に備え、定期的にバックアップ（Ⅲ-5-1参照）を実施する。その際、外付けのHDDにバックアップデータを取得する場合は、バックアップデータを保存した後、外付けHDDをコンピュータから速やかに取り外すようにする。

2　感染した際の対応

　感染した場合に備え、対応手順書やマニュアルなどを策定して周知し、従業員への教育を実施する。また、対応手順書やマニュアルなどは、いつでも閲覧できる状態にしておく必要がある。
　さらに、感染後の対応手順として、**初動対応→復旧→事後処理**などのフローを明確にしておく。

《感染後の対応手順の例》

1．初動対応

　1-1 感染したコンピュータをネットワークから切り離す

　1-2 感染したシステムの利用を停止する

　1-3 全社的にアナウンスをする

2．復旧

　2-1 感染源を特定する

　2-2 マルウェアの種類を特定する

　2-3 影響の範囲を特定する

　2-4 復旧手順を確立する

　2-5 復旧作業を実施する

3．事後処理

　3-1 原因を特定する

　3-2 対応策を策定する

　3-3 関係機関への届出を行う

3　ソフトウェアやシステムなどによる対策

　セキュリティ対策ソフト（ウイルス対策ソフト／アンチウイルスソフト）の導入は必須であるが、それだけでは安全性を確保できたとはいえず、他の対策を併用する必要がある。

●セキュリティ対策ソフトの機能

　一般的に、セキュリティ対策ソフトの機能として、次のようなことが挙げられる。

・受信するメールや USB メモリなど記憶媒体から受け取るデータに、マルウェアなどの不正プログラムが含まれていないかをチェックして、不正プログラムの侵入・感染を防ぐ。

・メールの送信やクラウドにデータをアップロードするなど、コンピュータの外部に出て行くデータに不正プログラムが含まれていないかチェックする。

・コンピュータがマルウェアなどに感染している場合には、マルウェアを隔離したり、場合によっては駆除したりすることができる。

・ソフトの付加機能として、ファイアウォール機能が備わっている場合は、コンピュータ内の情報が盗まれるのを防いだり、外部からコンピュータを操作されたりすることを防ぐ。

●不正プログラムの検知

　セキュリティ対策ソフトは、さまざまな種類のマルウェアを検知し、その種類や局面などに応じて駆除や隔離、警告などの対処を行う。マルウェアの検知の方式として、**パターンマッチング方式**や**ヒューリスティック検知**、**振る舞い検知**などがある。

・パターンマッチング方式

　　従来から導入されている一般的な方式であり、パターンファイル（ウイルスパターンなどの定義情報をデータベース化したもの）を用いて検知を行う。パターンファイルと対象となるプログラムを照合し、パターンに合致したプログラムを不正プログラムとして識別し、判定を行う。

　　この方式は、既存の不正プログラムには有効であるが、亜種や新たなマルウェアなどの新型の不正プログラムはパターンが合致しないため、検知漏れや誤検知が発生してしまう。

・ヒューリスティック検知

　　静的ヒューリスティック法などとも呼ばれ、パターンマッチング方式では検知できないマルウェアなどの不正プログラムを見つけ出す方式である。

　　マルウェアなどには特徴的な挙動があり、それを分析し、プログラムコードに含まれる挙動と比較して不正プログラムかどうかを判断する。これにより、パターンファイルに登録されていない未知のマルウェアなどに対しても、検知することができる。

・振る舞い検知

　　ビヘイビア方式や動的ヒューリスティック法、ダイナミックヒューリスティック法などとも呼ばれ、プログラムの挙動を分析するヒューリスティック検知の一種である。ヒューリスティック検知とは異なり、振る舞い検知では対象となるプログラムを実行し、振る舞い（ビヘイビア）の脅威を判断する方式である。

　　この方式では、**サンドボックス**という仮想的な実行環境を用意してプログラムを実行して監視し、異常な振る舞いが観測されたら不正プログラムとして識別する。

　　つまり、振る舞い検知の方式は、ヒューリスティック検知を補完するような方式であり、亜種の不正プログラムやヒューリスティック検知では検出できない**ポリモーフィック型**のマルウェアにも対応できる。しかし、既存の不正プログラムに近い動作を行うプログラムに反応することもあるため、その場合は不正プログラムではないものも誤検知する場合もある。

||||||||||||||||||||||||||||||||||||||||||||||||||||||||||||||||||||||||||||||||||||||||||||||||||||||||||||

Column サンドボックス

　ユーザが利用する通常の領域から隔離した、保護された仮想的な空間であり、外部へのアクセスが厳しく制限された領域のことである。

　外部から送られてきたプログラムやファイルを実行する際、サンドボックス内で実行させ、問題がないと判断できれば、通常の領域で実行させる。このようなことから、サンドボックス内で実行させるプログラムが不正なものであっても、通常の領域から隔離されているため、被害を防ぐことができる仕組みとなっている。

||||||||||||||||||||||||||||||||||||||||||||||||||||||||||||||||||||||||||||||||||||||||||||||||||||||||||||

Column ポリモーフィック型のマルウェア

　ミューテーション型ウイルスとも呼ばれ、感染時に毎回異なる暗号キーで自身を暗号化することにより、セキュリティ対策製品からの検出を逃れるタイプのマルウェアである。このような性質から、パターンマッチング方式では、検出が難しい。

||||||||||||||||||||||||||||||||||||||||||||||||||||||||||||||||||||||||||||||||||||||||||||||||||||||||||||

第 3 章

外部からの攻撃と対策

ネットワーク経由での外部からの攻撃にはさまざまな手法があり、これによって情報の漏えいや改ざん、システムの破壊などの多くの脅威が存在する。

第1節　電子メールの脅威

メールの利用において、盗聴やなりすましなどの脅威があり、それによって個人情報の詐取や金銭の詐取などが発生し、メールの添付ファイルに組み込まれている不正プログラム（マルウェア）に感染した場合は、迷惑メールや攻撃メールの発信元となってしまうこともある（Ⅲ-2-1参照）。

1　攻撃の種類

電子メールを利用し、個人情報の詐取や金銭の詐取などを行うだけではなく、情報の改ざんによる業務妨害や、産業スパイによる企業秘密の窃取などもあり、その手口も年々巧妙化している。

●フィッシング（phishing）

実在する金融機関などからの正規のメールを装い、ユーザID・パスワードやクレジットカード番号などの個人情報を詐取する攻撃である。

典型的な手口として、まず、銀行やクレジットカード会社などのお知らせを装ったメールを不特定多数のユーザに送り付ける。そのメールメッセージには、実在の金融機関を模倣したURLを記載しておき、「情報確認のため」や「パスワード変更のお願い」などと偽り、そのリンクをクリックさせ、あらかじめ用意した実物に酷似したWebサイトにユーザを誘導する。そこで、クレジットカード番号や口座番号などを入力するように促し、その情報を盗み取る。

●標的型攻撃

手口はフィッシングとほぼ同じであり、フィッシングは不特定多数にメールを送り付けるが、標的型攻撃のメールは、特定の個人や企業をターゲットにし、個人情報や企業情報を盗み出す手口である。機密情報を盗み出すだけではなく、業務妨害を狙ったケースもある。標的型攻撃ではターゲットを絞ること

から、スピア型フィッシングと呼ばれる場合もある。

標的型攻撃では、ターゲットの動向を SNS などで調べることにより、ターゲットの興味をそそるようなタイトルでメールを送信したり、取引がある企業を装って安全なメールだと思いこませるなど、年々手口が巧妙化している。

また、メールメッセージのリンクから不正なサイトに誘導する手口だけではなく、セキュリティに関する注意喚起を装ったメールや、「セミナーのご案内」や「新製品に関するお問合せ」などのファイルを添付し、受信しても抵抗なく開けるようなファイル名で不正プログラムを混入したファイルを送り付ける。それを開くことにより、不正プログラムが起動し、社内ネットワーク全体が不正プログラムに感染するケースもある。

感染すると、バックドアを仕掛けられ、ネットワーク内に不正に侵入され、機密情報の盗み出しや情報の書き換えなどが行われる。あるいは、ランサムウェア（Ⅲ-2-1参照）を送り込まれ、脅迫を受ける場合もある。

【標的型攻撃のメール例】

差出人：独立行政法人　情報処理推進機構＜ suisin@example.com ＞
件名：Microsoft Office の脆弱性の修正について（MS14-xxx）

Microsoft Office の脆弱性修正について（MS14-XXXX）（CVE-XXXX）

日本マイクロソフト社の Microsoft Office にリモートコードが実行される等の脆弱性が存在します。
下記のサイトにアクセスし…

………

［日本マイクロソフト社からの情報］
http://XXXX.microsoft.com/ security/bulletin/ms14-XXX

● APT（Advanced Persistent Threat）攻撃

標的型攻撃の一種であり、高度標的型攻撃や継続的標的型攻撃などとも呼ばれ、多角的で継続性のある攻撃を指すものである。

通常の標的型攻撃は比較的短期間で行われるが、APT 攻撃は長期間にわたって繰り返し行われる。また、通常の標的型攻撃は金銭や機密情報など攻撃者の利益に結びつくようなものが多いが、APT 攻撃はそれに加え、攻撃対象

者に損害を与えたり活動を妨害することを目的とする場合が多い。

2　攻撃の対策

●基本的な対策

　　ユーザが行うべき基本的な対策として、次のようなことが挙げられる。

・メールメッセージ内のリンクは、安易にクリックしない。 また、閲覧頻度
　の高いサイトはブックマークに登録し、ブックマークからアクセスする。

・セキュリティ対策ソフトを導入し、フィッシングサイトなどの不正なサイト
　をブロックする設定にする。

・正規の Web サイトであるかを、次のような方法で確認する。

　　ドメイン名を確認し、Web サイトを運営している組織の表示を確認する。
　　ブラウザの URL 欄で錠のマークをクリックして証明書の内容を確認する。

・送信元を確認する際は、 メールメッセージに記載されている連絡先ではな
　く、ブラウザなどで検索し、公式サイトに記載されているメールアドレスや
　電話番号などに問合せをする。

●標的型攻撃の見分け方

　IPA（独立行政法人　情報処理推進機構）では、標的型攻撃メールの見分けか
たを、次のように公表している。

　IPA では、情報窃取等を目的として、ごく少数または多数ながら特定され
た範囲のみに対して送られる、利用者の PC をマルウェアに感染させること
を目的としたメールを標的型攻撃メールと呼んでおり、次のような特徴があ
ります。

・メールの受信者に関係がありそうな送信者を詐称する

・添付ファイルや本文中の URL リンクを開かせるため、件名・本文・添付
　ファイルに細工が施されている（業務に関係するメールを装ったり、興味
　を惹かせる内容や、添付ファイルの拡張子を偽装するなど）

・ウイルス対策ソフトで検知しにくいマルウェアが使われる

一般には次のような件名、本文から構成される事例が多く見られます
（NCCIC の標的型メール攻撃に関するアドバイザリに一部 IPA で加筆）。

・社内の連絡メールを装うもの（ファイルサーバのリンクを模すケースを含む）

・関係省庁や、政府機関からの情報展開を模すもの（連絡先、体制、会見発
　表内容など）

・メディアリリース

・合併や買収情報

・ビジネスレポート／在庫レポート／財務諸表

・契約関連

・技術革新情報

・国際取引

・攻撃者に関する情報

・自然災害

・ウェブなど公開情報を引用したもの

・政府／業界イベント

・政府または産業における作業停止

・国際的または政治的なイベント

《出典：IPA「J-CRAT　標的型サイバー攻撃特別相談窓口」
https：//www.ipa.go.jp/security/todokede/tokubetsu.html》

● 全社的な対策

　標的型攻撃メールは手口が巧妙化しているため、ユーザ個人の努力で防ぎきることは難しいため、全社的な対応が必要である。例えば、前述の「基本的な対策」を徹底し、標的型攻撃の見分け方の情報の共有を行う。

　また、標的型攻撃メールは、一人が感染すると全社に拡大してしまう可能性があるため、有事の訓練として社内全体でセキュリティに対する意識を高めておく必要がある。例えば、標的型攻撃を模した訓練メールを従業員宛てに、不定期に継続して送信し、標的型攻撃のメールへの対応力を習得する教育プログラムなども多数展開されている。そのようなサービスを利用し、標的型攻撃メールの存在やその特徴など、従業員の理解を深めるようにして、全社的な対策を行う。

Column　BEC（Business E-mail Compromise：ビジネスメール詐欺）

　取引先や経営者とやりとりするようなビジネスメールを装い、巧妙な細工を施したメールのやりとりで企業の金銭を取り扱う担当者を騙し、攻撃者の用意した口座へ送金させる詐欺の手口である。偽りの請求書を送り付けたり、経営者や社外の権威ある第三者を装って振込を要求するなど、さまざまな手法がある。

　例えば、次のようなケースがある。

・取引先との請求書の偽装

　　取引のメールの最中に割り込み、振込先を偽った請求書を送り付ける。

・経営者等へのなりすまし

　　経営者を装って経理担当者に指示をして、攻撃者が用意した口座に振り込ませる。

- ・メールアカウントの悪用
  正規のメールアカウントを乗っ取り、取引先に対して詐欺を行う。
- ・社外の権威ある第三者へのなりすまし
  会計士や弁護士を装い、社長からの指示だと偽って、攻撃者が用意した口座に振り込ませる。

第2節　不正アクセス

不正アクセスとは、アクセス権限をもたない者が、不正な手段によって権限を取得し、ネットワークを介してコンピュータに侵入し、そのコンピュータを不正に利用すること、あるいは、利用を試みることである。

不正アクセスの主な手法として、不正に取得したユーザ ID・パスワードを悪用したなりすましや、ネットワークシステムのセキュリティホールをついた侵入などがある。

1　不正アクセスの手順

ネットワークを経由した不正アクセスを行う際は、多くの場合、**事前調査・権限取得・不正実行・後処理**の4つの段階で実行される。

【不正アクセスの流れのイメージ】

●事前調査

ネットワーク経由の侵入や攻撃のために、必要な情報の事前収集を行う。まず、ターゲットとなるネットワークやコンピュータに対して、攻撃にならない範囲でアクセスを試みるなどして、下調べを行う。これを**フットプリンティング**といい、OS のバージョンやシステムの構成や状態などを調査し、これをもとにセキュリティ上の弱点を探し出す。

フットプリンティングの手法の一つに**ポートスキャン**がある。ポートスキャンとは、主にサーバを対象として、各ポートに対してパケットを順に送信していき、その応答によってどのポートが開いているか、あるいはどのようなサービス

が稼働しているか、サーバのOSの種類やバージョンは何かなどを調査する手法である。また、そのような調査を行うためのソフトウェアを**ポートスキャナ**という。

なお、同じIPアドレスから断続的に何度も接続があると、ポートスキャンが行われている可能性が高い。そのため、攻撃者はポートスキャンを行っていることが明らかにならないようにするため、記録（ログ）を残さずに調査を行うことがある。このような手法を、**ステルススキャン**という。

Column ポートの種類

ポートとは、サーバが通信を行うための「入口（ドア）」のようなもので、それぞれ番号によって管理されている。IPアドレスが「住所（家）」で、ポートはその「ドア」に例えることができる。

Webやメールなど、広く利用されているサービスでは、利用するポート番号が決められていることが多い。**ポート番号**とは、TCP/IP通信において、コンピュータが通信に使用するプログラムを識別するための番号であり、0番～65535番まである。

代表的なポート番号として、次のようなものがある。

　21番：ファイル転送（FTP）
　25番：メールの送信（SMTP）
　80番：HTTPサービス（HTTP）
　110番：メールの受信（POP3）
　443番：セキュアなHTTPサービス（HTTPS）

●権限取得

事前調査で情報を収集した結果、侵入可能と判断した場合、操作や処理を実行するための権限（ユーザID・パスワード）を不正に取得する。これがパスワードクラックであり、その代表的な手法として、総当たり攻撃や辞書攻撃などがある（Ⅲ-1-2参照）。

ユーザID・パスワードが入手できると、一般ユーザ権限や特権ユーザ権限など、情報にアクセスする権限を取得する。特権ユーザ権限は、情報の閲覧・書込み・更新・削除などを行うことができるので、この権限が奪われるとあらゆる不正行為が可能となってしまう。

●不正実行

盗聴や破壊、改ざん、なりすまし、不正プログラムの埋込みなどを行う。また、スパムメールの配信や不正アクセスを行う際の中継地点として、第三者のコンピュータを利用する**踏み台**にする場合もある。

踏み台とは、第三者に乗っ取られ、スパムメールの発信元や不正アクセスの中

継地点などに利用されてしまうコンピュータのことである。また、踏み台として利用されるコンピュータのうち、マルウェアに感染し、外部から遠隔操作されるものはゾンビ PC と呼ばれる（Ⅲ-2-1参照）。

●後処理

ログの消去などにより、侵入の形跡を消すための隠蔽工作を行う。また、次回の侵入を容易にするためのバックドア（Ⅲ-2-1参照）をしかける場合もある。

第3節　サイバー攻撃

ネットワークを経由した攻撃には、さまざまな手法がある。また、攻撃の目的も多岐にわたり、個人情報や機密情報などの窃取やデータの改ざん、金銭等の詐取、ネットワークシステムを停止に追い込むことなどがある。

1　なりすまし

本人（情報システムやネットワークシステムの利用を許可されている者）を装って攻撃する手法であり、不正アクセスや機密情報の詐取などを行う。また、このように、本人を装ってネットワーク上で不正を行うことを**スプーフィング**という。

●**IP スプーフィング**

IP パケットのヘッダ情報を偽装することによって、本来許可されていないシステムに不正にアクセスする手法であり、IP アドレス偽装攻撃とも呼ばれる。後述の **DoS 攻撃**や **DNS キャッシュポイズニング**などの攻撃の際、攻撃者の身元を隠すことなどを目的として、別の IP アドレスからの通信を装う場合が多い。

●**ARP スプーフィング**

IP アドレスと MAC アドレスの対応付けに用いるプロトコルである ARP の応答を偽装する手法であり、**ARP キャッシュポイズニング**とも呼ばれる。ARP 要求に対する偽の応答を攻撃者が用意することで、不正な機器に通信を誘導し、通信内容の盗聴や改ざんなどを行う。

●**セッションハイジャック**

Web におけるセッションとは、Web サイトへのアクセス数の単位の一つであり、Web ページにアクセスしたユーザが、そのページ内で行う一連の動作を1セッションと数える。

セッションハイジャックは、そのWebページのログインからログアウトまでの通信を乗っ取り、正規の閲覧者（ユーザ）を装って不正にアクセスする攻撃である。例えば、正規のユーザになりすましてサーバに侵入し、機密情報を盗み出したり、ショッピングサイトで本人になりすましてクレジットカードを盗用するなどの不正を行う。

●中間者攻撃

中間者攻撃には、**MITB**（Man In the Browser Attack）や**MITM**（Man In The Middle Attack）がある。

MITBは、攻撃者がターゲットのコンピュータにマルウェアを感染させ、そのコンピュータのWebブラウザとWebサーバの間に介入し、通信内容の盗聴や改ざんなどを行う。ユーザは正規のサーバと通信しているつもりでも、不正なサーバなどに情報を送信してしまう。

一方、**MITM**は、通信を行っているユーザAとユーザBの二者間に割り込み、通信の中継を不正に行う。割り込まれている二者は不正に中継されていることに気付かずに通信を行い、その間の通信内容を盗聴されてしまう。

2　サービス妨害攻撃

サービス不能攻撃や**DoS攻撃**（Denial of Service attack）とも呼ばれ、サーバなどのネットワーク機器に一度に大量のパケットを送るなどして、サービスの提供の妨害やサービスを停止させるなどの手法の総称である。また、**分散型サービス妨害攻撃**などとも呼ばれる**DDoS攻撃**は（Distributed Denial of Service attack）は、踏み台（Ⅲ-3-2参照）と呼ばれる複数のコンピュータから一斉に攻撃を行う手法の総称である。

DoS攻撃・DDoS攻撃には、さまざまな手法がある。

【DoS攻撃とDDoS攻撃のイメージ】

●メールボム

大容量のメールや大量のメールを送りつけ、メールサーバのハードディスクや CPU 資源、ネットワークの帯域に過大な負荷をかけて停止させるなどの攻撃である。

●リロード攻撃

Web ブラウザの再読込み（リロード）機能を何度も連続して行うことにより大量のページ送信要求を送り、Web サーバに過大な負荷をかけて停止させるなどの攻撃である。Web ブラウザで F5キーを連打あるいは押しっぱなしにすることで攻撃ができることから、**F5攻撃**とも呼ばれる。

●ランダムサブドメイン攻撃

ターゲットのドメインに対してランダムなサブドメインを送り付け、オープンリゾルバに大量の問合せをする攻撃であり、**DNS 水責め攻撃**とも呼ばれる。ランダムであるため、オープンリゾルバには該当のサブドメインが存在しないことから、処理にメモリが消費され、大量の問合せに対応できずに、DNS サーバの処理能力が低下してしまう。

オープンリゾルバとは、不特定の端末に対して、再帰的問合せを許可する DNS サーバであり、外部からの問合せに対しても応答するため、踏み台に悪用されやすい。

● DNS リフレクタ攻撃

DNS サーバに DNS リクエストを送信し、ターゲットのサーバをダウンさせる攻撃であり、**DNS リフレクション攻撃**や **DNS アンプ攻撃**などとも呼ばれる。発信元の IP アドレスを偽装し、DNS サーバに IP アドレス要求パケットを送信し、要求を受けた DNS サーバは、偽装された発信元の IP アドレスに大量の応答パケットを送ることになる。なお、DNS では、パケットサイズが送信時よりも応答時のほうが大きくなる特性があるため、元のデータは何十倍にも増幅されるので、ターゲットのサーバには過大な負荷がかかり、処理能力が低下してしまう。

● Ping of Death

サーバが正常に稼働しているかどうかを確認する ping コマンドを悪用し、大容量の ping をターゲットに送り付ける攻撃である。

ping コマンドは、ICMP（Internet Control Message Protocol）と呼ばれるプロトコルを用いて特定の IP アドレスのコンピュータが通信可能かどうかなどを調べることができるプログラムであり、通常の ping は64バイトの小さな

データをやり取りする。これを用いた攻撃の際は、IPパケットの上限サイズである65,536バイトを超える大きさのデータを送信することにより、ターゲットのサーバには過大な負荷がかかり、処理能力が低下してしまう。

● LAND 攻撃

送信元を宛先と同じに偽装したパケットを攻撃相手に送りつけ、相手を正常に通信できない状態に追い込む手法であり、**3ウェイハンドシェイク**を悪用した攻撃である。

TCPの通信では、送信元は受信先に対して、接続開始を要求するSYNパケットを送信し、受信先は、これに対してACK/SYNパケットを送信元に返信する。これに対し、送信元がさらにACKパケットを送信することで接続が確立される。この操作手順が3ウェイハンドシェイクである。

LAND攻撃では、攻撃者が最初に送信するSYNパケットに含まれる送信元アドレスを、受信先アドレスと同一に偽装する。受信先がこのSYNパケット受け取ると、ACK/SYNの返信を自分自身に送信し続けるため、無限ループに陥ることとなる。

● TCP SYN Flood

TCPで通信を開始する際にSYNパケットのみを大量に送り付け、サーバに過大な負荷をかける攻撃であり、**SYNフラッド攻撃**とも呼ばれる。

この手法も、3ウェイハンドシェイクを悪用したものであり、攻撃者は、接続開始を要求するSYNパケットのみを送信し、ACKパケットの返信をせずに放置する。これによって受信先では、応答待ちの状態のTCP接続が大量に停留し、新規の接続を受け付けられない状態となってしまう。

● Smurf 攻撃

pingの送信元を偽装し、ターゲットへ大量なパケットを送信する攻撃である。

pingコマンドの仕様では、ICMPを用いて相手側のサーバに「エコーリクエスト」(echo request) というパケットを送り、通信が可能な場合は、相手は「エコーリプライ」(echo reply) パケットを送り返す。

Smurf攻撃では、攻撃者は、エコーリクエストの送信元のIPアドレスを、ターゲットのアドレスに設定し、大量のエコーリクエストを送信する。これによって、大量のエコーリプライがターゲットのIPアドレスに返され、ターゲットのサーバには過大な負荷がかかり、処理能力が低下してしまう。

3　Web 攻撃

あらかじめ不正な Web サイトを作成しておく、あるいは正規の Web サイトを改ざんするなどにより、ターゲットをその Web サイトに誘導して、マルウェアの感染や個人情報の詐取などの不正を行う。

●ファーミング

実在する金融機関などの Web サイトを装った不正な Web サイトを公開し、DNS サーバの情報（DNS キャッシュ）などを書き換えることでユーザをそのサイトへ誘導し、クレジットカード番号などを詐取する攻撃である。フィッシングとは異なり、不正なサイトにユーザを誘導する手段としてメールは使われず、自動的に転送されてしまう。その際、Web ブラウザに表示される URL は、正規のサイトと同じものが表示されるため、不正なサイトであると判断することが非常に困難である。

この攻撃では、主に DNS キャッシュや hosts ファイルなどを改ざんするが、プロキシ自動設定（PAC）を改ざんするケースもある。DNS キャッシュを改ざんする手法は、**DNS キャッシュポイズニング**（後述）とも呼ばれる。

●クリックジャッキング

Web サイト上に偽装した不正なリンクやボタンを設置し、アクセスしてきたユーザを視覚的にだましてそのリンクやボタンをクリックさせるなどして、意図しない操作をさせるよう誘導する手法である。

【クリックジャッキングのイメージ】

　最近では、SNS などにも仕掛けられていることが多くなり、頻繁に利用している Web ページの上に、悪意のある透明なページが重ねられている場合もある。この攻撃によって、ユーザが意図しない情報の発信や、意図しない商品を購入させられたり、SNS アカウントの乗っ取りやパソコンが第三者への攻撃の踏み台にされるなど、さまざまな被害が発生する。

●ドライブバイダウンロード攻撃

　ユーザの意図にかかわらず、Web サイト閲覧時に自動的に不正プログラムをユーザのコンピュータに転送（ダウンロード）させて、マルウェアの侵入・感染などを狙う攻撃である。コンピュータの OS やアプリケーションなどに存在するぜい弱性を悪用して実行され、ダウンロード後には勝手にマルウェアがインストールされる場合が多い。

　この攻撃では、ユーザはマルウェアがインストールされたことに気づきにくく、その結果マルウェアの感染が拡大する場合もあり、正規の Web サイトが改ざんされている場合もあるので、攻撃を防ぐのは難しいとされている。

●水飲み場型攻撃

　ターゲットとなるユーザが普段アクセスする Web サイトを改ざんし、そのサイトを閲覧しただけで不正プログラムに感染するように仕掛ける手法である。これは、ドライブバイダウンロード攻撃を標的型攻撃に応用した手法であり、**ウォータリングホール攻撃**とも呼ばれている。

● SEO ポイズニング

　検索エンジンの最適化機能を悪用し、不正プログラムなどが含まれる不正な Web サイトを、検索結果の上位に表示させる手法である。これによって、不正なサイトにアクセスしてきたユーザの個人情報を窃取したり、マルウェアに感染させたりする。

　SEO ポイズニングによって、不正なショッピングサイトに誘導され、金銭が詐取されたり、個人情報を窃取されるケースが多い。また、時事性の高いキーワードが狙われることがあり、例えば、地震などの被災地への支援を募る偽のサイトを作成し、そこへ誘導するケースもある。

4　ぜい弱性を悪用する攻撃

Web アプリケーションのぜい弱性を悪用する攻撃によって、個人情報やアカウント情報を詐取したり、データの改ざんや消去などが行われる。掲示板や問合せフォームなどの文字を入力する Web ページでは、入力内容に不正なスクリプ

トを含む文字列を入力することでサイバー攻撃となる場合もあり、攻撃にはさまざまな手法がある。

●**クロスサイトスクリプティング攻撃**

スクリプトとは、簡易プログラムであり、実行できる機能が限られるため、小規模なプログラムの作成に用いられることが多い。

クロスサイトスクリプティング攻撃は、SNSサイトや掲示板などの動的にWebページを生成するWebサイトやサービスにおけるぜい弱性、またはそのぜい弱性を狙った攻撃を指すものであり、**XSS**と略される。

例えば、次のよう流れで、クロスサイトスクリプティング攻撃が行われる。

1. 攻撃者は、Webページの入力フォームに、不正なスクリプトを混入したリンクを含む内容を入力して、Webアプリケーションに罠を仕掛ける。
2. 訪問者にそのWebアプリケーションを利用するよう誘導する。
3. 訪問者がリンクをクリックしたことによりスクリプトが実行されると、別のWebサイトに遷移（サイトをクロス）して不正なスクリプトが実行される。

不正なスクリプトが実行されることにより、入力フォームに入力した情報だけではなく、Cookie情報なども攻撃者に送信されることとなる。

このような攻撃に悪用されやすいWebページの機能例として、入力フォーム以外にも、会員登録やアンケートなどの入力内容を確認させる表示画面や、ブログや掲示板などのコメントの反映、検索結果の表示、エラー表示などが挙げられる。

●**クロスサイトフォージェリ**

Webアプリケーションのセッション管理に関するぜい弱性を悪用する攻撃であり、偽装したURLを開かせることにより、特定のサイトでユーザが意図せずに何らかの操作を行わせる手法で、**CSRF**と略され、シーサフと呼ばれることもある。

例えば、次のような手順で攻撃が実行される。

1. ユーザが正規のWebサイトにログインすると、そのサイトからセッションIDが発行される。
2. 攻撃者は、何らかの方法で正規のWebサイトに偽装した不正なサイトにユーザを誘導する。
3. ユーザが知らずに正規のサイトへの攻撃用のリクエストが埋め込まれたURLをクリックすると、ユーザのWebブラウザから正規のサイトのセッションIDが付与された状態で、攻撃リクエストが送信されてしまう。

このように、CSRFによって、ユーザは知らないところで不適切な投稿や不正

な送金処理などの攻撃に加担され、犯罪に巻き込まれることとなる。また、ユーザ自身の個人情報やアカウント情報が漏えいしてしまう場合もある。

● SQL インジェクション

SQL とは、データベース言語の一つであり、データベース管理システム上でデータやデータベースを制御するためのものである（Ⅳ-7 参照）。

SQL インジェクションは、Web アプリケーションのぜい弱性を悪用し、想定していない断片的な SQL 文をアプリケーションに注入（インジェクション）して実行する攻撃、またはそのような攻撃を可能にしてしまうぜい弱性を指す場合もある。

この攻撃では、外部からの入力をもとに SQL 文を作成する際、Web アプリケーションなどのぜい弱性により、ユーザが意図しない不正な SQL 文を作成し、それを注入することによって、データベースを不正に読み取ったり、データの改ざんや削除などを行う。

● OS コマンドインジェクション

Web アプリケーションのぜい弱性を悪用し、Web サーバへのリクエストにオペレーティングシステム（OS）のコマンドとして解釈できる断片を注入し、実行することによってサーバなどに不正にアクセスする攻撃、またはそのような攻撃を可能にしてしまうぜい弱性を指す場合もある。

この攻撃では、サーバ内に保存されているデータの上書きや削除などの操作や、データを漏えいさせるなどの不正を行う。また、サーバに不正なプログラムをダウンロードしたり、それを実行するなどにより、マルウェアに感染させてしまう。その結果、サーバが乗っ取られ、他のシステムへの攻撃の踏み台として悪用されることもある。

● バッファオーバーフロー

バッファとは、コンピュータが処理を仕切れないデータを、一時的に保存しておくための記憶領域のことである。

バッファオーバーフローは、ターゲットのコンピュータに対して処理能力を超える大容量のデータや不正なコードを送り付け、メモリ領域内のバッファの許容量を超えて溢れさせてしまう（オーバーフロー）攻撃、またはそのような攻撃を可能にしてしまうぜい弱性を指す場合もある。

この攻撃によって、ターゲットのサーバやシステムに誤動作を起こさせ、さらに、攻撃後に不正なプログラムをターゲットのコンピュータに送り込み、管理者権限の乗っ取りや、データの破壊・漏えいなどを行う場合もある。

5　その他の攻撃

● DNS キャッシュポイズニング

　　DNS キャッシュとは、DNS による IP アドレスやドメイン名の問合せ結果を一時的に保存して置き、繰り返し同じ問合せを同じサーバに送らないようにする仕組み、またはそのために保存する DNS データを指す場合もある。

　　DNS キャッシュポイズニングは、DNS サーバに保存されている DNS キャッシュに偽りの情報を記録させることで、ユーザを別のサーバと通信するように誘導する手法である。

　　この攻撃によって、ユーザは正規のドメインにアクセスしているつもりでも、攻撃者が用意した不正なサイトの IP アドレスへ誘導され、通信内容の盗聴や改ざんなどが行われたり、特定のドメインにアクセスできない状態にさせられる場合もある。

● ドメイン名ハイジャック

　　正規の所有者のドメイン名を、何らかの方法で乗っ取る攻撃である。

　　この攻撃によって、企業のドメイン名が乗っ取られた場合、その企業の Web サイトが攻撃者の支配下におかれ、アクセスしてきたユーザを不正なサイトへ誘導するように設定を変更されてしまう。その結果、アクセスしてきたユーザの個人情報が窃取されたり、マルウェアに感染させられる場合もある。つまり、アクセスしてきたユーザ（顧客）に対して害を加えるだけではなく、企業側も信頼を失うことになり、ダメージを負うこととなる。

● サプライチェーン攻撃

　　企業等の組織間の業務上のつながり（サプライチェーン）を悪用する攻撃である。ターゲットの企業に直接攻撃を仕掛けるのではなく、セキュリティ対策に弱点のある関連企業や取引先・委託先などに攻撃の入口を作り、その企業を踏み台にして、ターゲットの企業に対して行われる攻撃の総称である。

　　サプライチェーン攻撃は、攻撃の起点の違いから、次の3つに分類することができる。

　　・ソフトウェアサプライチェーン攻撃

　　　ソフトウェア製品を通じて不正コードを実行することで攻撃を行う。

　　・デジタルサプライチェーン攻撃

　　　サービスや API（ソフトウェアやプログラムをつなぐためのインターフェイス）を介して攻撃を行う。

　　・グループサプライチェーン攻撃

　　　企業の子会社や海外拠点を介して攻撃を行う。

●ゼロデイ攻撃

　セキュリティ上のぜい弱性が発見されたときに、開発者側からパッチなどのぜい弱性への対策が提供されるより前に、そのぜい弱性を悪用して行われる攻撃である。

　ぜい弱性に対する修正プログラムの公表までタイムラグが生じたり、攻撃者が開発元よりも先にぜい弱性を発見してしまったことなどにより、ゼロデイ攻撃に発展するケースがある。この攻撃によって、不正アクセスが行われたり、システムの乗っ取りやマルウェア感染、データの窃取などのさまざまな被害が発生してしまう。

●ディレクトリトラバーサル

　Web サイトのぜい弱性を狙う攻撃であり、サーバ上のファイルに不正にアクセスする手法である。サーバ上のディレクトリパスを横断（トラバーサル）して、本来アクセスされることを意図していないファイルにアクセスすることにより、情報が盗み出される場合もある。

Column　ルートキット

　悪意のある第三者が、不正侵入した後に利用するソフトウェアをまとめた一連のパッケージのことである。また、侵入したコンピュータへ継続的にリモートアクセスするためのツール一式を素早く導入する、といった目的を持つ不正プログラムを指す場合もある。

第 4 章

無線 LAN の脅威と対策

無線 LAN（Ⅳ-5-4参照）はケーブルを用いないため、有線 LAN と比較すると、物理的に柔軟に構築でき、便利である。その一方で、電波を使ってデータをやり取りするため、盗聴などのリスクへのセキュリティ対策が必要となる。

第1節　無線 LAN の脅威

無線 LAN の主な脅威として、盗聴やなりすまし、不正アクセスが挙げられる。

1　公衆無線 LAN 利用の脅威

公衆無線 LAN は、さまざまな場所で利用でき、無線 LAN に接続するためのさまざまな**アクセスポイント**が設置されている。例えば、飲食店や駅構内、空港などで、「無線 LAN が利用できます」、「Wi-Fi 使えます」などの表示があり、無料で利用できる多くのサービスが提供されている。

このような無線 LAN（Wi-Fi）によるインターネット接続可能な場所は、**Wi-Fi スポット**と呼ばれ、そのような場所を提供するサービスを指す場合もある。また、無料で利用できるサービスや場所を、**フリー Wi-Fi** や**フリースポット**と呼ぶこともある。

公衆無線 LAN は、非常に利便性が高い反面、さまざまな脅威が存在する。事前のユーザ登録もなく、アクセスポイントでパスワードなどの入力が求められない無料のアクセスポイントの利用は、なりすましや盗聴などの危険性が最も高い。さらに、攻撃者が通信内容を傍受する目的で設置した不正なアクセスポイントも存在するため、このようなアクセスポイントに接続してしまうと、通信内容を攻撃者に窃取され、その内容を悪用されるおそれがある。

● Evil Twin（エビルツイン）

公衆無線 LAN のアクセスポイントなどで、偽の無線 LAN アクセスポイントを設置して、それに気づかずにアクセスしてきたユーザの通信内容を盗聴する攻撃の手法である。**悪魔の双子攻撃**や **Evil Twin Attack**、**Wi フィッシング**などとも呼ばれる。

Evil Twin では、正規のアクセスポイントの近くに強い電波を発する偽物のア

クセスポイントを設置し、正規の ESSID に酷似した不正の ESSID を利用して
ユーザを誘い込む。アクセスの際の認証の手続きも、正規のものに酷似した画面
を表示する手法もある。そのような画面で認証に必要なユーザ ID・パスワード
を入力すると、入力したアカウント情報などが攻撃者に窃取されることとなる。

　この攻撃により窃取されたアカウント情報が悪用され、なりすましや不正アク
セスなどの攻撃に発展してしまう。

2　無線 LAN（社内ネットワーク）の脅威

● MAC アドレスの盗聴

　MAC アドレスフィルタリングによって、アクセスポイントに登録されてい
ない MAC アドレスからの通信を拒否することができる。しかし、スマート
フォンやパソコンなどの端末からアクセスポイントに MAC アドレスを送信す
る際、MAC アドレスが暗号化されていないため、これを盗聴することにより、
なりすましが可能となってしまう。

● ESSID の盗聴など

　ESSID（Extended Service Set Identifier）とは、無線 LAN で使われる識別
子のことであり、端末が接続できるアクセスポイントを識別する際に使用す
る。最大32文字までの英数・記号を設定することができ、同じ ESSID を設定
した機器同士が接続可能となるため、混信を避けることができる。しかし、
ESSID も暗号化されていないため、盗聴の危険がある。

　また、ESSID として「ANY」または空白にすると、すべてのアクセスポイ
ントに接続できるため、Wi-Fi スポットへの接続などで利用されている。ただ
し、この接続は不正なアクセスも許可することとなるため、家庭や企業などの
無線 LAN では推奨されていない。

●無線 LAN ルータの初期設定情報の漏えい

　市販されている無線 LAN ルータは、多くの場合、初期設定で登録されてい
る ESSID や暗号化キーなどの情報が、本体のラベルなどに記載されている。
そのため、これらの情報を悪意のある第三者に見られた場合、無線 LAN が容
易に乗っ取られてしまう。

●アクセスポイントへの侵入

　オフィス街などを自動車で移動しながら、外部から接続可能な無線 LAN の
アクセスポイントを探し回るウォードライビングという行為がある。この行為

自体は不正・違法ではないが、セキュリティに不備がある無線 LAN アクセスポイントを探し出し、その無線 LAN ネットワークに侵入する場合もある。

また、ウォードライビングで探し出した無線 LAN ルータのぜい弱性を利用し、**ルートキット**（Ⅲ-3-3・Column 参照）を仕掛ける**ウォーキッティング**という手法も存在する。

Column　インフラストラクチャーモード／アドホックモード

無線 LAN には、インフラストラクチャーモードとアドホックモードの 2 つの通信形態がある。

インフラストラクチャーモードは、無線 LAN ルータやハブなどのアクセスポイントを経由し、ネットワークに接続する形態である。

一方、アドホックモードは、無線 LAN クライアント同士が直接通信を行うことができる接続形態であり、セキュリティ対策に重要な役割を担うアクセスポイントが介在しない。そのため、アドホックモードの形態では、情報セキュリティ上の脅威が増大することとなる。

第 2 節　無線 LAN の対策

無線 LAN の主な対策として、暗号化と認証の強化などが挙げられる。

1　公衆無線 LAN 利用時の対策

アクセスポイントなどで無線 LAN に接続する際は、有線でのインターネット接続の際の基本的な対策に加え、次のような対策も必要となる。

- ・暗号化されていないフリー Wi-Fi スポットを利用しない。
- ・VPN（Virtual Private Network）サービスを利用する（Ⅲ-9-2参照）。
- ・ノート PC と同様に、スマートフォンにもセキュリティソフトを導入する。
- ・アクセスするサイトは、「https」から始まる URL であることを確認する。
- ・ファイルの共有機能を解除する。

2　無線 LAN（社内ネットワーク）の対策

● ANY 接続拒否

登録されていない（許可していない）端末の接続を拒否するものであり、ルータ側で「ANY 接続拒否」の設定を行う。これにより、アクセスポイントの ESSID と同じ ESSID を設定した端末のみが接続可能となるため、無線 LAN の不正アクセス対策として有効となる。

● SSID ステルス

　アクセスポイント（ルータ）のセキュリティ機能の一つであり、アクセスポイントが自身の ESSID を周囲に知らせるビーコンの発信を停止する機能である。

　無線 LAN におけるビーコンとは、アクセスポイントが自身の存在を知らせるために発する ESSID を含む信号のことであり、ノート PC やスマートフォンなどの端末はこれを受信することにより、その付近で利用可能な無線 LAN を探し出すことができるようになる。

　電波の届く範囲内にいればどの端末でもビーコンを受信できるため、組織内部のネットワークの存在や接続先が、第三者に探し出される危険性がある。そのため、ESSID ステルス機能をオンにすることにより、周囲の端末の ESSID 一覧にそのアクセスポイントが表示されないようにして、アクセスポイントの存在を秘匿することができる。

　ただし、ESSID ステルスは、アクスポイントが自身の ESSID を周囲の端末に知らせることをやめるだけであり、無線 LAN 通信に用いる無線電波は送受信されているため、盗聴される危険性が軽減されるわけではない。そのため、他のセキュリティ機能と併用する必要がある。

3　無線 LAN の暗号技術

　無線 LAN の暗号化規格などは、セキュリティ強度を上げるため、WEP から WPA3 へと進化している（暗号技術の詳細は、Ⅲ-7参照）。

● WEP（Wired Equivalent Privacy）

　1997年に登場した、無線 LAN でセキュリティを確保するために策定された暗号化方式の規格の一つであり、最も基本的な方式である。暗号化アルゴリズムとして、RC4 が用いられている。なお、暗号解読によってぜい弱性が報告されているため、現在では WEP の使用は推奨されていない。

● WPA（Wi-Fi Protected Access）

　2002年に発表された、無線 LAN で通信を暗号化して保護するための規格の一つである。Wi-Fi Alliance が運用している認証制度でもあり、通信機器などが同規格に準拠していることを認定するものである。

　WEP 方式による SSID と WEP キーに加え、ユーザ認証機能を備え、暗号キーを一定時間ごとに自動的に更新する **TKIP**（Temporal Key Integrity Protocol）と呼ばれる暗号化プロトコルを使用している。

　WPA には、家庭など小規模なネットワークを想定した WPA-PSK と、企業などの大規模なネットワークで利用される WPA-EAP がある。

● WPA2（Wi-Fi Protected Access2）

2004年に発表された、WPA の後継の規格であり、暗号化アルゴリズムには、WPA よりも強度の高い **AES**（Advanced Encryption Standard）を用いた **CCMP**（Counter mode with CBC-MAC Protocol）を採用（**WPA2-AES**）し、128～256ビットの暗号キーを利用した強力な暗号化が可能である。また、WPA と同様に WPA2-PSK と WPA2-EAP がある。

● WPA3（Wi-Fi Protected Access3）

2018年に発表された、WPA2の後継の規格である。WPA3の特徴として、SAE（Simultaneous Authentication of Equals）と呼ばれる鍵交換と認証を同時に行う方式を用いて、暗号化に利用する鍵を生成する仕組みが盛り込まれていることが挙げられる。

また、WPA2には、「KRACKs（キー再インストール攻撃）」と呼ばれるぜい弱性が指摘されたため、WPA3では SAE を採用することで、このぜい弱性に関する問題を解消している。

Column Wi-Fi Alliance

無線 LAN 規格の IEEE 802.11シリーズの普及促進や、機器メーカー間の相互運用性の向上を推進するための業界団体であり、ブランド名として「Wi-Fi」の権利を保有し、対応する機器にその認証を与えている。

第 **5** 章 障害対策

　不正アクセスやマルウェア感染により、システムやデータが破壊・改ざんされてしまったり、ハードウェアの劣化によりシステム障害が発生する場合がある。

　このような事態に備え、完全性と可用性を維持するためには、バックアップデータの取得や、耐故障性を高める RAID を構築するなどの対策が必要となる。

第1節　バックアップ

　バックアップとは、システムやデータが破壊・改ざんされた場合に備え、コンピュータ内に保存されているシステムやデータを、別の媒体にコピーして保存しておくことである。万が一、障害などが発生した場合、その影響を最小限に抑えるため、直近のバックアップデータ（別媒体にコピーしたデータ）を復元することによって、復旧可能な状態にしておかなければならない。このように、バックアップしたデータから元のデータに復元することを、**リストア**という。

　なお、リストアと似たものにリカバリがあり、リカバリとは、戻したバックアップデータに、何らかの処理を加えて、正常化または最新化することなどを指す。

1　バックアップの対象

　バックアップは、その対象によりシステムバックアップとデータバックアップに大別することができる。

●システムバックアップ

　主に災害対策や障害対策を目的として、OS や OS の設定、アプリケーションなどを含むシステム全体をバックアップする方式であり、利用しているシステムと同じものをもう1台構成するものである。**イメージバックアップ**とも呼ばれ、基幹システムに障害が発生した場合でも、システムバックアップを行っていれば、最小限の影響に抑えることができる。

　一般的に、システムバックアップは専用のソフトウェアを用いて行われ、リアルタイムではなく、システム稼働時や更新時、パッチプログラムを適用する際などに行われる。

●データバックアップ

　主にデータの破壊や消失、改ざんなどに備えることを目的として、テキストや画像・映像など、保存した全てのデータを複製してバックアップする方式である。システムバックアップと比較すると、バックアップを実施する頻度は高いが、バックアップの方式により、負荷を軽減することができる。

2　バックアップ方式

　データのバックアップ方式には、フルバックアップ・差分バックアップ・増分バックアップの方式があり、データの内容や運用方法などによって選択する。

【差分バックアップと増分バックアップのイメージ】

増分バックアップと差分バックアップ

●フルバックアップ

　データ全体をすべてバックアップする方式であり、どのバックアップ方式であっても、最初のバックアップは必ずフルバックアップとなる。

　バックアップはすべてのデータを対象とするため大容量となり、他の方式と比較すると、バックアップの時間は長くなり、バックアップ先の媒体は多くの空きが必要となる。ただし、リストアは、他の方式よりも手間がかからない。

●差分バックアップ

　前回のフルバックアップ以降に作成・変更されたデータを対象としてバックアップする方式であり、一定期間ごとに、作成・変更された内容を、その都度保存する。

　フルバックアップよりも、バックアップにかかる時間も容量も少ないが、増分バックアップよりも時間も容量も多く必要となる。ただし、リストアを行う際は、フルバックアップのデータと直近の差分バックアップのデータをつなぎ合わせればよいので、増分バックアップよりも容易に行える。

●増分バックアップ

　前回のフルバックアップ・差分バックアップ・増分バックアップ以降に、作成・変更されたデータを対象としてバックアップする方式であり、初回のフルバックアップ以降に継続して、定期的（例えば1日ごと）に増分を保存する。

　他の方式よりも、バックアップにかかる時間も容量も少なくて済むが、リストアを行う際は、差分バックアップの単位でデータをつなぎ合わせる必要があるため、最も時間がかかってしまう。

3　バックアップの媒体

　バックアップの目的や用途、バックアップするデータ量などによって、バックアップ用の媒体を選択する。

　その際、バックアップの元データとバックアップしたデータの保存先は、異なる媒体を使用することが望ましい。例えば、ファイルサーバの特定のフォルダをバックアップする際は、同じファイルサーバ内にバックアップデータを保存してしまうと、ファイルサーバ自体が故障した場合、バックアップデータが取り出せなくなるため、そのファイルサーバ以外の媒体にバックアップデータを保存する。

　さらに、BCM（II-3-3参照）の観点から、重要なバックアップデータは、遠隔地での保管や、データセンターなどへの委託も視野に入れるとよい。

● HDD

　ハードディスクは、内部の磁気ディスクにデータを記録する媒体であり、大容量のデータの保存が可能となる。また、外付けHDDを利用することにより、物理的にバックアップ元と切り離すことができ、可搬式であるため、自社の耐火金庫での保管や委託による専用倉庫での保管など、柔軟な管理が可能となる。さらに、ネットワーク接続型のHDDであるNAS（Network Attached Storage）を利用することにより、一対多の接続ができ、1台で複数のコンピュータからのバックアップが可能となる。

●クラウドストレージ

　インターネット上にデータを保存する形式のクラウドストレージ（オンラインストレージ）は、インターネットに接続している環境があれば、場所や端末の種類を問わず、バックアップの実施やバックアップデータへの接続が可能となる。例えば、本社と支社のそれぞれのファイルサーバのデータを、まとめてバックアップする場合などに利用できる。なお、データのアクセス（読み書き）の速度は、回線状況によって左右される場合がある。

●その他の媒体

　バックアップ用の媒体として、SSD や磁気テープ、USB メモリなどがあるが、これらについては、次項のⅢ-6で解説する。

Column ネットワークストレージ

　NAS（Network Attached Storage：ナス）とは、ネットワークに接続されている複数のコンピュータで共有することができるストレージ（外部記憶装置）のことであり、一般的に LAN 接続の外付け HDD を指す。一対多で接続が可能となり、複数のコンピュータから同時に接続でき、いつでもファイルの共有を行うことが可能となる。

　ストレージを既存の LAN に接続するため、導入が比較的容易でコストが抑えられるが、LAN に対する負荷が高くなり、アクセス速度は既存の LAN に依存する。

　また、SAN（Storage Area Network）とは、複数のコンピュータとストレージの間を結ぶ高速なネットワークのことであり、主に業務用の大規模システムなどで用いられる。

　ストレージ専用のネットワークを構築するため、高速なアクセスが実現でき、システムを冗長構成することにより、可用性の向上が図れるが、専用機器が必要であるため、導入コストが高くなる。

4　バックアップの運用

　バックアップの運用にあたり、バックアップの方式や保存する媒体だけではなく、バックアップのタイミングや頻度、世代管理なども含め、バックアップ計画をあらかじめ決めておく必要がある。

●バックアップ計画

バックアップ計画では、事前に次のような項目を決定する。

・バックアップの範囲

　すべてのデータをバックアップするのか、重要なデータのみをバックアップするのか、時間やコストなどによりその範囲を決定する。

・バックアップの頻度と取得方法

　バックアップのタイミングには、定期的に行う日次、週次、月次、年次などの単位があり、どのタイミングでどの範囲のバックアップを取得するのかを決定する。例えば、日次で増分バックアップを行い、月次でフルバックアップを行う。一般的に、定期的に実施するバックアップは、日時を指定して自動的に行われるようにする。

・バックアップの時間帯

　業務によっては、夜間の作業が必要なことがある。そのため、業務に支障

Ⅲ
脅威と情報セキュリティ対策②

が出ないよう、バックアップの時間帯はいつに設定するのか、何時間以内で終わらせるのかなどを決定する。

・バックアップデータの管理

　最新のバックアップデータだけを保管するのか、あるいは、何世代分を保管するのかを決定する。これによって、データの保管期間や消去のタイミングが明確になる。例えば、日次でバックアップデータを取得する運用における「3世代保管」とは、直近の3日分のデータを保管し、それ以前のデータは順次消去していく運用となる。

　また、データの保管場所は、社内で保管するのか、保管を委託するのかを決定する。委託する場合や別の場所で保管する場合は、その移送方法も決定する（移送についてはⅡ-2-3参照）。

5　RAID

　RAID（Redundant Arrays of Inexpensive Disks：レイド）とは、データを保存するHDDを組み合わせて冗長な構成にして、1つのドライブのように認識・表示させる仕組みであり、信頼性の向上と処理の高速化を図ることができるようになる。

　RAIDには、複数のモードがあり、目的や用途などに応じてさまざまなストレージ構築が可能となる。

● RAID 0

　複数台のHDDにデータを分散して書き込むことで高速化したものであり、これを**ストライピング**という。性能は向上するが、冗長性はないため、1台のHDDと比較すると、信頼性は低下する。

【RAID 0のイメージ図】

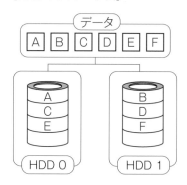

● RAID 1

　複数台の HDD に同時に同じデータを書き込む方式であり、これをミラーリングという。2台の HDD があった場合、一方はバックアップ用となるため、信頼性は向上するが、処理速度の向上はない。

【RAID 1のイメージ図】

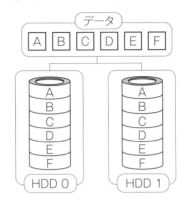

● RAID 2、RAID 3、RAID 4

　RAID 2 は、ハミングコードと呼ばれる誤り訂正符号（ECC：Error-Correcting Code）を生成し、データとは別に分散して書き込む方式である。

　RAID 3 は、1台の HDD を誤り訂正符号の記録に割り当て、残りの装置にビット単位やバイト単位でデータを分散して書き込む方式である。

　RAID 4 は、1台の HDD を誤り訂正符号の記録に割り当て、残りの装置にブロック単位でデータを分散して書き込む方式である。

　RAID 2、RAID 3、RAID 4は、あまり普及しておらず、現在は概念上の存在となりつつある。

● RAID 5

　RAID 3 と RAID 4 では、別の HDD にパリティと呼ばれる誤り検出符号を書き込む時間が問題となっていたが、RAID 5 では、複数の HDD のデータとパリティを分散して書き込むことで、この問題を解消している。高い処理速度と耐障害性に加え、大容量のデータを保存でき、1台の HDD の故障であれば、データの復旧は可能である。

【RAID 5のイメージ図】

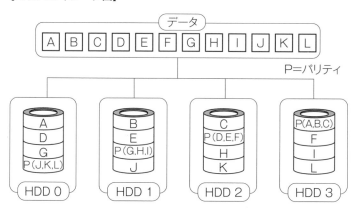

● RAID 6

パリティと呼ばれる誤り検出符号を2つ生成し、パリティをデータとともに分散して複数台のHDDに書き込む。RAID 5では、2台のHDDが同時に故障するとデータが失われてしまうが、RAD 6では、2台のHDDが故障しても支障がないように設計されているため、耐障害性が大幅に向上している。

【RAID 6のイメージ図】

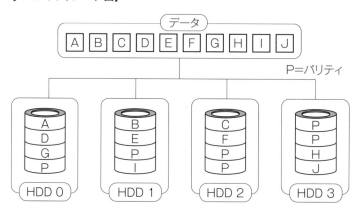

● RAID 0+1

RAID 0+1は **RAID 01**（ゼロいち）とも呼ばれ、並列に分散記録（ストライピング：RAID 0）するドライブのセットを複数用意して、それらの間で複製（ミラーリング：RAID 1）を行う方式である。

● RAID 1+0

　RAID 1+0は **RAID 10**（いちゼロ）とも呼ばれ、同じデータを同時に書き込む（ミラーリング：RAID 1）するドライブのセットを複数用意して、それらの間で並列に分散記録（ストライピング：RAID 0）する方式である。

第6章 電子媒体の管理

電子媒体は紙媒体と異なり、直接的に情報を読み取ることはできないため、盗み見などの脅威はないが、記録できる情報量が多いため、1つの媒体が紛失や盗難に遭った場合は、多くの情報が漏えいする危険性がある。

※電子媒体／記憶媒体の詳細については、Ⅳ-3-5参照。

第1節 電子媒体の種類

電子媒体は、形状や記憶容量などにより、さまざまな種類がある。

また、電子媒体はデータの保存だけではなく、データの受け渡しや移送などにも利用されるため、その場面によってさまざまな脅威が存在する。

1 磁気ディスク、磁気テープ

磁性体を金属やガラス、プラスチックなどのディスク、テープなどに塗布した記録媒体である。磁性体の磁化状態によってデータの書き込み等を行うため、強い磁気を発するものを近づけるとデータの破損や消失などが発生しやすく、経年劣化による故障も発生する。

● 磁気ディスク／HDD（Hard Disk Drive：ハードディスク）

代表的なストレージ（外部記憶装置）であり、ドライブとディスクが一体化しているため、ハードディスクドライブともいう（本書では、HDDと表記する）。他の記憶装置と比較すると、読み書きも高速で、1台当たりの単価が安いことから広く利用されている。HDDは、コンピュータ本体に内蔵されているタイプと、外付け型に大別される。

HDDは精密機器であることから、振動に弱いとされ、動作環境や使用頻度にもよるが、長期間使用していると、データを読み書きする磁気ヘッドが劣化し、故障が発生しやすくなる。また、外付けHDDは、持ち運びが可能であることから、盗難の危険性がある。

● 磁気テープ

主にシーケンシャルアクセス（順番に連続した領域の先頭から読み書きする）方式であるため、HDDと比較すると読み書きは低速であるが、容量当た

りの単価が安い。そのため、バックアップデータの保存や長期保存（アーカイブ）用の記録媒体として利用されている。

　磁気テープは、埃やゴミの付着でテープに傷がつくとエラーの原因になり、長時間直射日光に当たった場合は、データの破損や消失などが発生するおそれがある。

2　フラッシュメモリ

電源を切ってもデータが消えない、不揮発性の半導体メモリである。消費電力が少なく、駆動音が発生せず、耐衝撃性に優れているが、書き換え回数が限られている。

● USB（Universal Serial Bus）メモリ

　代表的なストレージであり、小型で扱いやすく、記憶容量が少ない安価なものから、HDD 並みの容量で1TB を超える製品もある。USB ポートに差し込むだけで、データの読み書きができるため、データの受け渡しやデータの移送、バックアップデータの保存まで、用途は多岐にわたる。

　USB メモリは、書き込み動作に伴い記憶素子が劣化していくため、繰り返し書き換えを行うと、データの損傷や消失などが発生しやすくなる。また、小型であることから、紛失や盗難の危険性があり、パソコンに容易に接続できるため、パソコンを媒介としてマルウェアに感染する危険性もある。

　パソコンの OS の設定で、オートラン機能がオンになっていると、USB ポートに差し込むだけで、USB メモリ内の実行ファイルが自動的に起動する。この場合、マルウェアに感染した USB メモリを USB ポートに差し込むと、マルウェアが自動的にそのパソコンインストールされてしまう。

● SD メモリカード

　薄型の記憶媒体であり、フルサイズ・miniSD・microSD のサイズがあり、記憶容量によって、SD・SDIIC・SDXC などの規格がある。SD メモリカードは、スマートフォンやノート PC だけではなく、デジタルカメラやゲーム機、カーナビ、ドライブレコーダ、アクションカメラ、ドローンなど、さまざまな機器の記憶媒体として利用されている。

　小型であるため、紛失や盗難の危険性が高く、スマートフォンで撮影したデータなどを SD メモリカードに保存していた場合、それを紛失することによって、個人情報の漏えいにつながるおそれもある。

● SSD（Solid State Drive）

　固定型のストレージであり、HDD と比較すると高速に読み書きが行える。また、読み書き用のヘッドなどの部品も少ないため、消費電力が少なく、耐衝撃性に優れ、振動や駆動音もない。

　フラッシュメモリであるため、書き込み動作に伴い記憶素子が劣化しやすく、HDD よりも書き換え寿命が短いとされる。

3　光ディスク

　データの読み書きにレーザ光を利用する記憶媒体であり、CD や DVD、Blu-ray Disc 等が代表的なものである。これらは、ROM（リードオンリー）の読込み専用のタイプや、R（ライトワンス）のデータを一度だけ書き込めるタイプ、RW（リライタブル）の何度も書き換えが可能なタイプなどがある。また、記録する内容によって、メディア用（音楽用、録画用）とデータ用がある。

　光ディスクは、磁気ディスクと比較すると、記憶容量や読み書きの速度は劣るが、安価であり、ドライブと分離できるため、ソフトウェアや映画・音楽のコンテンツの販売用として流通し、バックアップデータの保存やデータの移送などの際にも利用される。

　光ディスクは、高温多湿の環境での保管や、一定以上の光を浴びると劣化しやすくなり、劣化すると、データの破損や消失などにつながる。また、表面に傷や汚れ、埃が付着すると、データの読み書きが行えなくなる場合もある。

　また、RW タイプの場合は、誤った上書きなどが発生する場合もある。

第2節　電子媒体の管理

　業務で利用する電子媒体は、紛失や盗難が発生しないように管理し、媒体の劣化などが発生しないように、保管に留意する。また、廃棄する際は、適切に処分し、廃棄した媒体からの情報漏えいを防ぐようにする。

1　電子媒体の利用

　業務で電子媒体を利用する場合は、規定（ルール）を明確にしなければならない。特に、USB メモリなどの持出しや持込みについては、厳密なルールを設けるようにする。

●ルールの策定

　USB メモリなどの持出しを許可する場合は、事前申請などの手続きを行うようにする。なお、個人所有の USB メモリの持込み等については、情報の不正な持出しだけではなく、マルウェア感染などの危険性が高いため、原則とし

て「持込不可」とする。

●技術的な制限
　・OS の機能やセキュリティソフトの機能などにより、USB メモリなどの記憶
　　媒体へのデータの書き込みを禁止して、データの不正な持出しを防ぐように
　　する。
　・パスワードロック機能搭載の USB メモリのみ利用を許可し、紛失や盗難に
　　遭った際にも情報が漏えいしないようにする。
　・OS のオートラン機能をオフにし、USB メモリを USB ポートに接続しても、
　　自動実行されないようにして、マルウェアの感染を防ぐ。

2　電子媒体の保管・管理
　業務で利用する電子媒体は、台帳管理して、定期的な棚卸を行う。

●台帳管理
　　ナンバリングやラベリングなどにより、本数や枚数を特定し、台帳で管理す
　る。また、定期的に棚卸をして、本数や枚数を確認するだけではなく、劣化な
　どに備え、媒体の入替えなども行う。

●保管
　・盗難や紛失などが発生しないように、バックアップデータなどを保存してい
　　る媒体は、キャビネットで施錠管理する。
　・劣化を防ぐため、高温多湿な場所や、直射日光が当たる場所、埃が多い場所
　　などには保管しない。
　・光ディスクは、埃や汚れがつかないように、ケースに入れて保管する。
　・HDD などの振動に弱い媒体は、専用ケースに入れて保管する。

3　電子媒体の廃棄
　電子媒体を廃棄する際は、情報が漏えいしないように、記録されているデータ
を確実に消去し、復元不可能な状態にしてから廃棄する。

●データを復元不可能にする方法
　・専用のソフトウェアを使用する。
　・専門の業者などに依頼する。その際は、従業者が立ち会うか、廃棄証明書な
　　どの提出を義務付ける。
　・物理的に破壊する。

　光ディスクは、メディアシュレッダーで裁断するか、ディスクの表面に傷を
つける。

　ハードディスクは、ドリルやドライバで傷をつける。

　なお、次のような作業を行っても、OSからデータを読み込むことができなく
なっただけであり、データそのものは消去されていないこととなる。

・データを「ごみ箱」に移動する。

・「ごみ箱を空にする」の機能を実行する。

・データの「削除」コマンドを実行する。

・ハードディスクを初期化する。

・付属のリカバリCDを使い、工場出荷時の状態に戻す。

Column　データサルベージ

　不具合などによって、正常にデータの読込が行えなくなったストレージから、データ
を取り出す作業やそのようなサービスを指すものである。単にサルベージと呼ぶことも
あり、データ復旧やデータリカバリなどとも呼ばれる。

　HDDなどのストレージだけではなく、最近では故障したり水没してしまったスマー
トフォンなどの機器のデータ復旧や、一度削除してしまったデータを再生できる状態に
するサービスなども、データサルベージと呼ばれる。

第 7 章　暗号技術

　ネットワークを流れる情報は、常に盗聴の危険性がある。また、記憶媒体の不正な持出しや紛失などの際にも、情報漏えいの危険性がある。このようなリスクへの代表的な対策が、**暗号化**である。

第1節　暗号の仕組み

　暗号とは、ある一定の法則に基づき、データを変換し、元のデータを第三者に読み取られないようにする技術である。古代より、文字をずらす、文字列の並びを変えるなどによる暗号が使われている。

1　暗号化の手順

　何らかの法則によって処理を施し、意味を推察できないようにした文を暗号文という。暗号文を作ることを**暗号化**、暗号文を元に戻すことを**復号**といい、元の文のことを**平文**という。

　たとえば、「あいさつ」という単語を、50音順に2文字ずつずらした場合、「あ」→<u>う</u>、「い」→<u>え</u>、「さ」→<u>す</u>、「つ」→<u>と</u>と変換され、<u>うえすと</u>となる。これによって、<u>うえすと</u>から元の「あいさつ」を容易に推測することはできない。

【暗号化のイメージ】

この場合、「あいさつ」が平文であり、「うえすと」が暗号文となる。また、「文字をずらす」という法則を**暗号アルゴリズム**といい、「2文字」という量を**鍵**（キー、暗号鍵）という。

2 暗号化の安全性・保守性

暗号化に用いる鍵のデータ量を**鍵長**といい、一般的に鍵長をビット数で表し、鍵長が大きいほど暗号強度が高まるが、その一方で処理性能の低下につながる（処理時間が長くなる）ことが多い。

また、暗号機能を利用する際、鍵の保護やシステムへ暗号機能を組み込む場合の保守性を考え、**暗号モジュール**を用いるのが一般的である。暗号モジュールとは、暗号処理機能をもつソフトウェアやハードウェアのことである。

なお、暗号の安全性が危ぶまれる状態のことを**暗号の危殆化**といい、次のような3つの局面に大別することができる。

・暗号アルゴリズムそのものに問題がある場合
・暗号を利用したシステムにおける運用上の問題が生じた場合
・暗号を実装したソフトウェアやハードウェアなどに問題がある場合

Column CRYPTREC 暗号リスト

CRYPTREC（Cryptography Research and Evaluation Committees：クリプトレック）とは、暗号技術の安全性の監視や適切な運用法の検討を行うプロジェクトの名称である。

デジタル庁、総務省及び経済産業省では、CRYPTREC の活動を通して暗号技術の安全性、実装性及び利用実績の評価・検討等を行っており、2013年3月に、「電子政府推奨暗号リスト」（2003年2月策定）を改定し、「電子政府における調達のために参照すべき暗号のリスト（CRYPTREC 暗号リスト）」を策定した。

このリストには、各省庁が調達するシステムで使うべき暗号技術が掲載されていて、客観的に検証した結果、危殆化したと判断された暗号技術は、改定時にリストから除外される。

第2節 共通鍵暗号方式

共通鍵暗号方式は、古くから採用されている暗号方式であり、暗号化と復号に同じ鍵（秘密鍵）を用いる方式である。暗号文の送信者と受信者は同じ鍵を共有する必要があるため、安全な経路で鍵の受け渡しを行わなければならない。

【共通鍵暗号方式のイメージ】

1 共通鍵暗号方式の特徴

共通鍵暗号方式では、送信者と受信者が同一の鍵を用いることから、システムの負荷を軽減することができ、CPU 資源や時間を節約することができる。

その一方で、通信する相手が増えるにつれ、必要な鍵の数が多くなるという短所があり、鍵を通信相手に渡す際、通信経路で盗聴される危険性もある。

2 鍵の管理

共通鍵暗号方式で暗号化した文書をやり取りする際、送信者と受信者は同じ鍵を持つ必要があり、通信相手ごとに異なる鍵を持たなくてはならない。

例えば、A さん・B さんの 2 人の間では、鍵は 1 個あれば暗号化・復号が行える。A さん・B さん・C さんの 3 人の間では、A さん・B さん、A さん・C さん、B さん・C さんの組合せで、必要になる鍵は 3 個になる。

従って、n 人の間で通信を行う際は、$n (n - 1) \div 2$ 個の鍵が必要になる。

・2 人の間で通信を行う場合：$2 \times (2 - 1) \div 2 = 1$ 個
・3 人の間で通信を行う場合：$3 \times (3 - 1) \div 2 = 3$ 個
・4 人の間で通信を行う場合：$4 \times (4 - 1) \div 2 = 6$ 個
・5 人の間で通信を行う場合：$5 \times (5 - 1) \div 2 = 10$ 個
・6 人の間で通信を行う場合：$6 \times (6 - 1) \div 2 = 15$ 個

【共通鍵暗号方式の鍵の個数の例：4人の場合】

計6個

3 暗号化の処理方式

共通鍵暗号方式の暗号化の処理の方式は、ストリーム暗号とブロック暗号に大別することができる。

●ストリーム暗号

データを1ビットあるいは1バイト単位で暗号化する方式であり、SSL（Ⅲ-9-1参照）や無線 LAN などのネットワークを暗号化する際に用いられている。1ビットあるいは1バイト単位で復号できるため、受信したデータから逐次復号することが可能であることから、リアルタイム性が求められる通信や、小規模での実装に適している。

また、ストリーム暗号には、常に送受信者間で同期をとる**外部同期式**と、自動的に再同期できる（同期がずれた際に自動的に修復できる）**自己同期式**がある。

●ブロック暗号

平文のデータを特定の長さに区切り、その区切った単位で暗号化する方式であり、ブロックごとの暗号化を繰り返すことで平文全体を暗号化する。この繰り返す方法をモードという。ブロック暗号は、一定量のデータが溜まらなければ処理ができないため、ストリーム暗号と比較すると処理時間が長くなる。

また、ブロック暗号の代表的なモードとして、毎回どのブロックにも同じ暗号処理を行う **ECB モード**（Electronic Codebook Mode）と、直前のブロックをもとに暗号化する **CBC モード**（Cipher Block Chaining Mode）がある。

4　暗号化の種類

共通鍵暗号方式の代表的なものとして、DES や AES、RC などがある。

● DES（Data Encryption Standard）、3DES（Triple DES）

　1977年にアメリカ連邦政府標準の暗号方式として採用された、ブロック暗号の一つであり、56ビットの鍵長を使う。なお、鍵長が短いことから、安全性が低いため、3DES（トリプル DES）が考案された。

　3DES は、DES による暗号化・復号を 3 回繰り返して行う方式であり、168ビットの鍵長を使う。しかし、これも安全性が低いとみなされ、AES が採用されるようになった。

● AES（Advanced Encryption Standard）

　2000年にアメリカ連邦政府標準の暗号方式として採用された、ブロック暗号の一つであり、鍵長は128ビット、192ビット、256ビットの 3 種類から選択できる。

　AES は、無線 LAN の WPA2（Ⅲ-4-2参照）や SSL 通信の暗号化などに広く採用されている。

● RC（Rivest's Cipher）

　DES よりも処理が高速な暗号化規格の総称であり、RC シリーズには、ブロック暗号の RC2や RC5、RC6、ストリーム暗号のRC4がある。

　RC4は、鍵長を40〜2,48bit の間で自由に設定でき、無線 LAN の WEP（Ⅲ-4-2参照）で採用されていたが、安全性が低いとみなされ、最近は推奨されていない。

● Camellia（カメリア）

　NTT と三菱電機が共同開発したブロック暗号の一つであり、2000年に発表され、2001年に無償化の宣言がされた。AES と同様に、鍵長は128ビット、192ビット、256ビットの3種類から選択できる。

第3節　公開鍵暗号方式

　公開鍵暗号方式は、暗号化と復号に異なる鍵を用いる方式であり、非対称鍵暗号とも呼ばれる。通信する相手ごとに、**公開鍵**と**秘密鍵**のペア（キーペア）を作る必要がある。

1 公開鍵暗号方式の特徴

公開鍵暗号方式では、1人の通信相手に対して公開鍵と秘密鍵の2つの鍵を使うこととなる。公開鍵は、不特定多数に対して公開し、秘密鍵は本人以外には秘匿し、厳重に管理する。公開鍵を使って暗号化した暗号文は、ペアとなる秘密鍵以外では復号できない。また、秘密鍵を使って暗号化した暗号文も、ペアとなる公開鍵以外では復号できない。

公開鍵暗号方式は、共通鍵暗号方式と比較すると処理速度が遅く、公開鍵・秘密鍵の環境構築に手間やコストがかかる。しかし、通信相手ごとに異なる鍵を用意する必要がないため、複数人での暗号文のやり取りには適している。また、復号用の鍵を通信相手に渡す必要もないため、第三者に鍵を盗まれる危険性も極めて低い。

【公開鍵暗号方式のイメージ】

2 鍵の管理

公開鍵暗号方式で暗号化した文書をやり取りする際、1人につき2個（公開鍵・秘密鍵が各1個）が必要となり、各人が管理する鍵の個数は2個である。

従って、n人の間で通信を行う際は、2n個の鍵が必要になる。

【公開鍵暗号方式の鍵の個数の例：4人の場合】

3　暗号化の種類

　公開鍵鍵暗号方式の代表的なものとして、RSA や DSA、DH 鍵交換、楕円曲線暗号などがある。

● **RSA**（Rivest-Shamir-Adleman cryptosystem）

　非常に大きな数の素因数分解の困難さを安全性の根拠としている方式であり、公開鍵暗号方式の代表的なものである。RSA は、セキュリティレベルを維持するため、年々鍵長を増大させ、現在は2,048ビットの鍵長を利用するのが一般的である。

● **DSA**（Digital Signature Algorithm：デジタル署名アルゴリズム）

　離散対数問題と呼ばれる数学上の問題を安全性の根拠としているデジタル署名方式の一つであり、ElGamal（エルガマル）方式を改良して、署名の長さを160bit ×2に短縮し、秘密鍵の生成などを特定の方法で運用する。

● **DH**（**Diffie-Hellman**）**鍵交換**、DHE（Diffie-Hellman key exchange）

　離散対数問題と呼ばれる数学上の問題を安全性の根拠としている鍵交換の手順の一つであり、公開鍵暗号方式の原型となった手法である。

　共通鍵暗号方式での鍵の受渡しは、鍵を通信相手に渡す際、通信経路で盗聴される危険性があったため、鍵の受け渡しを安全に行うために考案されたのが鍵交換である。

●楕円曲線暗号、ECC（Elliptic Curve Cryptography）

　離散対数問題と呼ばれる数学上の問題を安全性の根拠としいている暗号の一つであり、RSA よりも短い鍵長で同等の安全性を提供できる。そのためコンピュータの負荷を軽減することができ、IC カードなどの処理能力の限られた機器に使用されることがある。

第4節　ハイブリッド暗号方式

　ハイブリッド暗号方式は、共通鍵暗号方式・公開鍵暗号方式を組み合わせた、強度の高い暗号化方式である。

1　ハイブリッド暗号方式の特徴

　共通鍵暗号方式では、暗号化・復号に同じ鍵を使い、処理に時間がかからないのが長所であるが、鍵を通信相手に渡す際、通信経路で盗聴される危険性もある。一方、公開鍵暗号方式では、暗号化・復号に異なる鍵を使い、通信相手に復号鍵を渡す必要がないため、鍵を盗聴される危険性はない。ただし、処理に時間がかかるという短所もある。

　ハイブリッド暗号方式は、共通鍵暗号方式の高速な処理と、公開鍵暗号方式の安全性を兼ね備えた方式であり、双方のデメリットを補うことで強度を高めている。

2　鍵の受け渡し手順

　ハイブリッド暗号方式では、一般的に次のような流れで鍵の受け渡しを行う。

【ハイブリッド方式のイメージ】

① A は、秘密鍵と公開鍵を作成し、［A の公開鍵］を B に送信する。

② B は、あらかじめ作成しておいた［AB の共通鍵］を、［A の公開鍵］で暗号化する。

③ B は、暗号化した［AB の共通鍵］を、A に送信する。

④ A は、受信した［AB の共通鍵］を、［A の秘密鍵］で復号して取り出す。

これ以降は、A と B は［AB の共通鍵］を利用して、データのやり取りを行う。

第5節　公開鍵暗号基盤（PKI）

公開鍵暗号基盤は、**PKI**（Public Key Infrastructure）とも呼ばれ、インターネット上で安全に情報のやり取りを行うインフラ（基盤）のことである。

1　公開鍵暗号基盤の要素

公開鍵暗号方式では、公開鍵は公開するが、それとペアの秘密鍵は本人だけが保持しているため、秘密鍵の管理を厳重に行えば、第三者に復号されることはない。

しかし、公開鍵と秘密鍵がペアであることだけでは、秘密鍵の持ち主を特定することはできない。つまり、悪意を持った第三者が、本人になりすまして公開鍵を公開することによって、「本人」であると主張することができてしまう。

そこで、「本人」とその公開鍵の結びつきを確認し、証明するために考案された仕組みが公開鍵暗号基盤（PKI）である。PKI の重要な要素として**認証局**

（CA：Certificate Authority）と**電子証明書**（**デジタル証明書**：Certificate）が
ある。

2 認証局

認証局は、役割の違いから**登録局**（RA：Registration Authority）と**発行局**
（IA：Issuing Authority）とに分割されることもある。

認証局は、ユーザからの申請を受けて、電子証明書（デジタル証明書）を発行
する。この証明書には、ユーザの名前やメールアドレスなどの登録者情報、ユー
ザの公開鍵、証明書番号、暗号アルゴリズム、有効期限などが含まれている。こ
れらの情報によって、「本人」とその公開鍵の結びつきが証明される。

また、電子証明書に含まれるこれらの情報に対し、発行局の秘密鍵で**電子署名**
され（Ⅲ-8-3参照）、認証局が発行した電子証明書であることを保証する。

認証局は、電子証明書の発行だけではなく、電子証明書の無効化の役割も担っ
ている。電子証明書を無効化することを「失効」といい、無効化された電子証明
書の一覧表の**失効リスト**（CRL：Certificate Revocation List）をリポジトリへ
公開する。リポジトリとは、認証局が業務を運営するにあたっての公開情報が格
納されている場所（データベース）であり、失効リスト以外にも、運用規程、利
用規約、検証者同意書、自己署名証明書などが保管されている。

なお、電子証明書の保持者は、暗号化したデータと併せて電子証明書を通信相
手に送り、それを受け取った通信相手は、リポジトリからその電子証明書に関す
る情報を取得して検証し、その公開鍵の正当性を確認することができる。

【認証局の構成イメージ】

第 8 章　認証技術

　認証を行うのは、本人性の確認だけではなく、そのデータが改ざんされていないことの保証や、そのデータがどの時点で存在したかなどの保証などがあり、ユーザ ID・パスワードによる認証以外にも、さまざまな認証技術が存在する。

第1節　デジタル署名

　公開鍵暗号方式を用いても、暗号化を行ったユーザの本人性を保証することは難しい。そこで、なりすましの防止とメッセージ（データ）が改ざんされていないことを検証する必要があり、そのための仕組みが**デジタル署名**である。

1　デジタル署名の生成

　デジタル署名の生成と送受信は、一般的に次のような流れで行われる。

【デジタル署名の生成と送受信の流れのイメージ】

■送信者 A：生成と送信の手順

　①秘密鍵と公開鍵を作成し、［A の公開鍵］を B に送信しておく。

　②署名する平文を**ハッシュ関数**によって圧縮し、**メッセージダイジェスト**
　　（ハッシュ値）を生成する。

　③生成したダイジェストを［A の秘密鍵］で暗号化する。これがデジタル署

名となる。

④平文と生成した暗号化したダイジェスト（デジタル署名）をBに送信する。

■受信者B：受信とデジタル署名の検証

①受信した平文からハッシュ関数を使ってメッセージダイジェストを生成する。

②受信したダイジェスト（デジタル署名）を［Aの公開鍵］で復号し、ダイジェストを取り出す。

③①で生成したダイジェストと②で取り出したダイジェストを比較し、一致することを検証する。

これらの一連の流れでの検証結果により、ダイジェストが一致すると、次のことが確認できる。

・メッセージ（平文のデータ）の送信者が本人であることの確認

　⇒本人認証

・メッセージ（平文のデータ）が改ざんされていないことの確認

　⇒メッセージ認証

送信者が本人であることを証明できることにより、否認防止機能も持つこととなる。**否認防止**（Ⅰ-1-1参照）とは、ある人物がある行為を行なったことを、後になって否定できないようにすることであり、例えば、ネットショッピングなどでの不正な取引の防止などに役立つ。

Column　デジタル署名と電子署名

　デジタル署名と電子署名は、同義として扱われる場合もあるが、厳密には、電子署名はデジタル署名を含む広い概念として用いられている。

　デジタル署名は、公開鍵暗号方式を用いて、本人認証とメッセージ認証を行う仕組みである。一方、電子署名は、電子文書の正当性を保証するために文字や記号、マークなどにより電子的に署名を行うこと全般を指し、国によって定義が異なる。日本では、「**電子署名及び認証業務に関する法律**」（電子署名法）によって定義づけされている。

「電子署名及び認証業務に関する法律」（電子署名法）

　この法律の目的は、電子署名に関し、電磁的記録の真正な成立の推定、特定認証業務に関する認定の制度その他必要な事項を定めることにより、電子署名の円滑な利用の確保による情報の電磁的方式による流通及び情報処理の促進を図り、もって国民生活の向上及び国民経済の健全な発展に寄与することである。

　また、電子署名は、電磁的記録（電子的方式、磁気的方式その他人の知覚によっては認識することができない方式で作られる記録であって、電子計算機による情報処理の用に供されるものをいう。以下同じ。）に記録することができる情報について行われ

る措置であると定義され、次の要件のいずれにも該当するものをいうとしている。
・当該情報が当該措置を行った者の作成に係るものであることを示すためのものであること。
・当該情報について改変が行われていないかどうかを確認することができるものであること。

第2節 ハッシュ関数

メッセージ（データ）の改ざんを検知する技術であり、メッセージダイジェスト関数や要約関数などとも呼ばれ、暗号やデジタル署名などで用いられるハッシュ関数は、**暗号学的ハッシュ関数**とも呼ばれる。

ハッシュ関数は、任意の長さのデータを、一定の長さのデータに変換するアルゴリズム（関数）であり、この「任意の長さのデータ」はメッセージと呼ばれ、変換後の「一定の長さのデータ」は**ハッシュ値**やメッセージダイジェスト、フィンガープリントなどと呼ばれる。

1 ハッシュ関数の種類

ハッシュ関数の標準規格として、1990年に考案されたMD5（Message Digest 5）やSHA-1（Secure Hash Algorithm 1）が長きにわたり様々な分野で利用されてきたが、強度を上げるため、**SHA-2**が後継として規格化された。また、ハッシュ値の長さは128〜512ビットが一般的であったが、安全性の観点から、現在は256ビット以上が推奨値となっている。

【主なハッシュ関数】

名称（規格）		ハッシュ値（ビット）	備考
MD5		128	電子署名の用途では推奨されていない
RIPEMD-160		160	電子署名の用途では推奨されていない
SHA-1		160	電子署名の用途では推奨されていない
SHA-2	SHA-224	224	
	SHA-256	256	電子署名法の施行規則で推奨されている
	SHA-384	384	電子署名法の施行規則で推奨されている
	SHA-512	512	電子署名法の施行規則で推奨されている

2 ハッシュ関数の用途

ハッシュ関数（暗号学的ハッシュ関数）の特徴として、次のようなことが挙

げられる。
・**一方向性**
　ハッシュ値から元のデータを復元することが困難である。
・**衝突耐性**
　異なるデータに対して、同じハッシュ値が生成される確率は極めて低く（内部衝突耐性）、あるデータに対して、異なるハッシュ値が生成される確率は極めて低い（外部衝突耐性）。

　このような特徴から、ハッシュ関数はデジタル署名だけではなく、通信の暗号化の補助や**メッセージ認証**などに広く利用されている。

　また、パスワードを保管する際も、パスワードをハッシュ関数で変換して、ハッシュ値のみを保管することが多い。入力されたパスワードをハッシュ関数で変換し、コンピュータに保管されているハッシュ値と比較し、一致することを確認する。生成されたハッシュ値から元のデータを再現することができないため、ハッシュ値の盗聴防止に効果的である。

3　ソルト

　ソルト（salt）とは、パスワードをハッシュ値に変換する際に付加されるランダムな符号のことである。

　ハッシュ関数は、アルゴリズムが公開されているため、同じデータからは同じハッシュ値を求めることができる。そのため、ハッシュ値から同じハッシュ値を見つけることで、元のデータが解読されてしまう可能性もある。そこで、このような解読を防ぐために、データに付加するランダムな符号がソルトである。

　ソルトを付加することにより、同じデータであっても異なるハッシュ値を求めることができるようになり、データの不正な解読が困難となる。そのため、パスワードを不正に取得する手法の一つである**レインボー攻撃**（Ⅲ-1-2参照）への対策として、ソルトを付加することは有効となる。

第3節　その他の認証技術①

　デジタル署名以外でも、ハッシュ関数などを用いて認証を行うさまざまな方式がある。

1　メッセージ認証

　デジタル署名と同様に、メッセージ（データ）が改ざんされていないことを検証する仕組みである。

一般的な**メッセージ認証**では、次のような手順でメッセージを送受信する。

①送信者と受信者の間で、あらかじめ安全な手段を用いて共通鍵を共有する。

②送信者は、共通鍵をもとに、一定の計算方法によって符号を生成し、これをメッセージに付加して送信する。

③受信者は、受信したメッセージと共通鍵から同じように符号を生成し、添付されていた符号と比較し、一致することを検証する。

両方の符号が一致すれば、メッセージが改ざんされていないことが確認できる。このように算出された符号は MAC（Message Authentication Code：**メッセージ認証コード**）と呼ばれる。

MAC の生成に共通鍵暗号を利用する方式の CMAC（Cipher-based MAC）や CBC-MAC（Cipher Block Chaining MAC）と、ハッシュ関数を用いる方式の HMAC（Hash-based Message Authentication Code）などがある。

なお、デジタル署名では公開鍵暗号を用いることにより、本人性の確認とメッセージの改ざんの有無が確認できるが、メッセージ認証では本人性は確認できない。ただし、メッセージ認証では共通鍵暗号を用いるため、デジタル署名よりも処理が高速となる。

2 タイムスタンプ

時刻認証とも呼ばれ、ある時刻にその電子データが存在していたことと、それ以降改ざんされていないことを証明する技術である。**タイムスタンプ**に記載されている情報と、元のデータから得られる情報を比較することで、タイムスタンプの付された時刻から改ざんされていないことを確認することができる。

メッセージ（データ）にタイムスタンプを付加するには、メッセージからハッシュ値を生成し、これを第三者機関である時刻認証局（TSA）に送信する。時刻認証局では、その時点での日付・時刻情報が提供され、これをハッシュ値とともに送信者が保管することにより、次のことが証明される。

・いつからそのメッセージ（データ）が存在するか ⇒ **存在証明**

・そのデータは、その日以降現在まで書き換えられていない ⇒ **非改ざん証明**

デジタル署名だけをメッセージに付加することにより、署名者がそのメッセージを作成したことは証明できても、メッセージがいつ作成されたかを確認することはできない。これは、日付が重要となる契約行為においては、大きな問題となる場合もある。このような場合、デジタル署名に加えてタイムスタンプを付加することにより、いつ・誰が作成した・何であるかを証明することができるようになり、否認防止がより強化されることとなる。

さらに、「電子計算機を使用して作成する国税関係帳簿書類の保存方法等の特例に関する法律」（電子帳簿保存法）では、重要な書類に対して、非改ざん性を証明するために、タイムスタンプを付加することが要件の一つとなっている。

Column デジタル署名とタイムスタンプの有効期限

デジタル署名は、電子証明書（Ⅲ-7-5参照）によって内容を証明できるが、電子証明書の有効期間は最短1年で、最長でも5年間である。そのため、これ以降は、電子証明書の有効性が確認できなくなり、例えば、それを付加していた契約書については、それが有効なものであるか判断できなくなる。ただし、タイムスタンプの有効期限は最長で約10年まで延長が可能であるため、タイムスタンプを付加することで、デジタル署名の有効期限は、タイムスタンプの有効期限まで延長することができる。

3 チャレンジレスポンス方式

ネットワーク上でパスワードのやり取りをせずに利用者認証を行う方式であり、主に暗号学的ハッシュ関数の仕組みを利用して行う。**チャレンジレスポンス方式**はさまざまな認証方式で採用されていて、代表的なものとして PPP 認証に用いられる CHAP がある。また、ハッシュ関数だけではなく、公開鍵暗号を利用する方式である SSH（Ⅲ-9-1参照）のチャレンジレスポンス方式もある。

チャレンジレスポンス方式は、一度しか使わない乱数である**チャレンジコード**と、ハッシュ関数によって生成したメッセージダイジェストの**レスポンス**を使って認証を行う。この方式では、次のような手順で認証を行う。

①利用者は、サーバにアクセス要求を送信する。

②サーバは、チャレンジコードを利用者に返信する。

③利用者は、チャレンジコードとパスワードをもとにハッシュ関数でメッセージダイジェストを生成する。これが、利用者のレスポンスとなる。

④利用者は、サーバにレスポンスを送信する。

⑤サーバは、利用者と同じ方法によりメッセージダイジェストを生成する。これが、サーバのレスポンスとなる。

⑥サーバは、利用者のレスポンスと自身のレスポンスを比較し、一致すればその利用者が正規の利用者であると認証される。

チャレンジレスポンス方式では、チャレンジコードは一度しか使わないため、万が一盗聴された場合であっても、次回のログイン時には異なるチャレンジコードが生成される。そのため、チャレンジコードが不正アクセスに利用されることはない。また、ハッシュ関数の特徴である一方向性から、チャレンジコードが盗聴されても復元することは困難であるため、安全性が高いといえる。

第4節　その他の認証技術②

　利用者認証には、ハッシュ関数を応用した方式だけではなく、さまざまな方式がある。

1　ワンタイムパスワード（OTP：One-Time Password）

　1回限り有効な使い捨てパスワードであり、パスワードの文字列は、一定間隔で変更される。1度認証されたパスワードは使えなくなるため、万が一盗聴されても、それを使って悪用することはできない仕組みである。

　ワンタイムパスワードは、金融機関の送金時や暗号資産の取扱い時などの高度なセキュリティを求められる認証だけではなく、SNS や Web メールのログイン時、リモートワークでの社内ネットワークへのログイン時など、さまざまな場面で採用されている。

●ワンタイムパスワードの発行方法
　ワンタイムパスワードの生成方法として、次のようなものがある。
　・ハードウェアトークン
　　　ワンタイムパスワードを生成するための小型端末であり、カードタイプやキーホルダータイプなどがある。単に**トークン**と呼ばれることが多い。端末の液晶表示画面に表示される数字がワンタイムパスワードであり、一般的に30秒（または60秒）ごとにその内容が再生成される。
　・ソフトウェアトークン
　　　ワンタイムパスワードを表示するためのソフトウェアタイプのトークンであり、スマートフォンなどに専用アプリとしてインストールし、アプリ上でワンタイムパスワードを表示する。ハードウェアトークンと同様に、30秒ごとにワンタイムパスワードが再生成される。
　　　最近では、ハードウェアトークンよりも、ソフトウェアトークンの利用が増えつつある。
　・SMS
　　　ワンタイムパスワードを使用するサービスにあらかじめメールアドレスを登録しておき、ログイン時などのパスワードが必要なときに、登録したメールアドレスにワンタイムパスワードが送信される仕組みである。
　これら以外にも、音声（電話）でワンタイムパスワードを受信する方式や、Web ブラウザに本人のみが解読できる暗号リスト（マトリクス表など）を表示し、ワンタイムパスワードを読み取る方式などもある。

●ワンタイムパスワードの認証方式

ワンタイムパスワードの認証方式として、次のようなものがある。

・チャレンジレスポンス方式

　　　ワンタイムパスワードの代表的な認証方式であり、Ⅲ-8-3の「チャレン
　　ジレスポンス方式」では、一度しか使わない（使い捨ての）チャレンジ
　　コードを利用するが、ワンタイムパスワードでは、パスワードそのものを
　　使い捨てにする（認証の手順は、Ⅲ-8-3の「チャレンジレスポンス方式」
　　を参照）。

・タイムスタンプ認証方式（時刻同期方式）

　　　認証時の時刻を基に、トークンでワンタイムパスワードを生成する方式
　　であり、トークンに表示された数字をユーザが認証サーバへ送信し、認証
　　サーバはその数字・時刻・ユーザIDを照合して、情報が一致しているか
　　を確認する仕組みである（タイムスタンプについては、Ⅲ-8-3参照）。

・カウンタ同期認証方式

　　　ユーザがハードウェアトークンのボタンを押してパスワードを生成し、
　　その回数（カウント）とその都度生成される数字（パスワード）によって
　　認証を行う方式であり、タイムスタンプ認証との違いは、時刻ではなくワ
　　ンタイムパスワードの発行回数を利用することである。

・マトリクス認証

　　　ランダムな数字が書かれた表（マトリクス表）を用いて認証を行う方式
　　であり、文字や数字そのものではなく、「上から4番目の右から3番目」
　　や「左上から左下、そして右下までのL字型に」といった表の中の位置
　　をパスワードの代用とする。最近では、ネットバンキングなどで利用され
　　るケースが多い。

　　　例えば、認証時に表示される毎回異なるマトリクス表から、あらかじめ
　　登録しておいた「左上から左下、そして右下までのL字型に」といった
　　ルールに従い、表内の該当する文字列を選択し、それをパスワード欄に入
　　力し、認証を行う。

2　PPP認証

　PPP（Point to Point Protocol）は、2点間をつなぐ通信プロトコルであり、
これを使った認証では、PAP（Password Authentication Protocol）やCHAP
（Challenge Handshake Authentication Protocol）が利用される。

● PAP

仕様が簡潔なプロトコルの一つであり、ユーザ ID とパスワードの組合せで認証を行う。多くのシステムが対応しているが、パスワードを暗号化せずに平文のまま送信するため、安全性が充分とはいえない。

● CHAP

PAP とは異なり、パスワードを平文で送信するのではなく、ハッシュ化して送信することで盗聴を防止する。

チャレンジレスポンス方式の一種であり、サーバは、**チャレンジコード**をユーザに送信し、ユーザはチャレンジコードにパスワードを付加したデータをハッシュ化して**レスポンス**を作成し、それをサーバに送信して認証を行う。

3 リスクベース認証

システムのアクセスログなどから、ユーザの行動パターンなどを分析し、より厳格に本人認証を行うための認証方式である。

リスクベース認証では、認証時に HTTP ヘッダや Cookie などの情報から、アクセスの要求元（ユーザ）の情報を取得する。取得した情報をもとに、いつもと違う環境や行動パターンであると判断した際に、「不正アクセスの可能性がある」と判定して追加の認証を要求する仕組みである。

● リスクベース認証の方式

認証の方式として、アクティブ認証とパッシブ認証に大別することができる。

・パッシブ認証方式

リスクベース認証の代表的な方式であり、ユーザの操作を必要としない認証方式で、サービス提供者がユーザの情報を分析し認証する。ユーザの情報から、「不正アクセスの可能性がある」かどうかを判定し、ユーザを認証する。

・アクティブ認証方式

ユーザの操作を必要とする認証方式であり、ワンタイムパスワードやUSB トークンなどの方法、あるいは秘密の質問を入力させる方式などが挙げられる。ログインする本人が何らかの操作をする必要があるため、認証に手間がかかるが、安全性は向上する。

パッシブ認証方式と比較して、より安全性が高い認証方式であり、オンラインバンキングなどの認証時になりすましを防止する効果がある。

● リスクベース認証の判定要素

「不正アクセスの可能性がある」と判定する主な要素として、次のようなものが挙げられる。

- **・IP アドレス**

  特定の IP アドレスの範囲（社内ネットワーク経由でのアクセスなど）以外のアクセスだった場合

- **・登録済みのデバイス**

  組織などで管理しているデバイスからのアクセスではない場合

- **・OS や Web ブラウザの種類、バージョン**

  OS や Web ブラウザの種類、バージョン情報から危険と判断された場合

- **・ログインの時間帯や曜日**

  日中または平日に利用されることが多いサービスで、それ以外（早朝深夜、土日祝日）のログインがあった場合

- **・不可能とされる移動**

  ログインのあった時間帯とアクセス元の地域と過去のアクセス状態から、不可能な移動と判断された場合

- **・位置情報**

  GPS や IP アドレスからアクセス元の地域を取得し、リスクのある地域からのアクセスがあった場合

● リスクベース認証のメリット / デメリット

　リスクベース認証のメリットの一つに、なりすましを防ぐことが挙げられる。万が一、ユーザ ID・パスワードが漏えいしても、本人（正規のユーザ）の Web ブラウザや IP アドレスの環境などを特定されることは困難であるため、環境が異なっているログインは「不正アクセスの可能性がある」と判定され、追加の認証が要求されることにより、厳格な本人認証が行える。一方、デメリットとして、運用や導入にコストがかかることが挙げられる。

4　キャプチャ認証

CAPTCHA（Completely Automated Public Turing test to tell Computers and Humans Apart）とも呼ばれ、Web ページのログイン画面や入力フォームなどで、人間による操作や入力であることが確かめられるテストである。「CAPTCHA」とは、コンピュータと人間を区別するための完全自動化された公開チューリングテストの略である。

　例えば、アルファベットや数字を含む文字列の画像を表示し、何が書かれているかをユーザに答えさせる。ただし、その文字列は一部が歪んだり、欠けや重なりなどにより、コンピュータでは読み取れないような文字が表示されている。

　あるいは、小さな画像を複数表示して、問いに当てはまる画像を、クリックに

よって選択させるといった手法もある。

【CAPT12＃の例】

第9章　セキュアな通信技術

　安全な通信を行うために必要となるセキュアプロトコルや、電子メールのセキュリティ技術など、さまざまな通信技術が存在する。

第1節　セキュアプロトコル

　セキュリティプロトコルとも呼ばれ、通信の暗号化や認証・改ざんの検知を目的としたプロトコルである。

1　IPsec（Security Architecture for Internet Protocol）

　OSI 基本参照モデル（Ⅳ-5-2参照）のネットワーク層で、IP パケット単位で暗号化通信を行うプロトコルの総称である。IP レベルの通信内容を暗号化するため、OSI 基本参照モデルの上位層であるトランスポート層やアプリケーション層が暗号化に対応していない場合でも、安全に情報をやり取りすることができる。

　代表的なプロトコルとして、AH、ESP、IKE の 3 つが挙げられる。また、IPsec の通信モードには、トランスポートモードとトンネルモードがある。

● IPsec のプロトコル

　・AH（Authentication Header）

　　認証ヘッダとも呼ばれ、通信相手を確認してなりすましの防止（認証）、通信途上での改ざんの防止（完全性の確保と認証）などを行う。ただし、通信内容の暗号化は行わず、データは平文で送信される。

　・ESP（Encapsulated Security Payload）

　　暗号ペイロードヘッダとも呼ばれ、AH の機能に加えて、IP パケットの通信内容（ペイロード）の暗号化をサポートする。

　・IKE（Internet Key Exchange）

　　IPsec によって通信を行う際、利用する論理的な通信路（コネクション）は SA（Security Association）と呼ばれる。この SA を確立する際、暗号化のための鍵を交換するためのプロトコルが IKE であり、ルータに IKE を設定すると、2 つのルータの間で鍵交換が行われ、鍵が自動的に生成される。

● IPsec の通信モード

・トランスポートモード

　IP ヘッダ部分はそのままで、送受信するペイロード部分のみを暗号化する方式であり、主に 2 つのホスト間（エンドツーエンド）の通信で使用される。

・トンネルモード

　元の IP ヘッダを暗号化して新しい IP ヘッダを付け加えることによりパケット全体を暗号化する方式であり、主にルータなどのセキュリティ・ゲートウェイ間や、セキュリティ・ゲートウェイとホストの間の通信で使用される。また、パソコンなどのホストが IPsec に対応していない場合であっても、通信経路上のルータなどが対応していれば異なるネットワーク間を暗号化して接続することができるため、VPN（III-9-2参照）の構築などに利用される。

2　SSL/TLS

　SSL（Secure Socket Layer）は、IP ネットワークでデータを暗号化して送受信するプロトコルであるが、ぜい弱性が発見されたため、SSL3.0を基に、TLS（Transport Layer Security）が考案され、現在は TLS が広く利用されている。しかし、SSL という名称が既に定着していたため、実際には TLS を指していても SSL と表記したり、「SSL/TLS」などと両者を併記することが多い。そのため、本書では、SSL/TLS として記述する。

　SSL/TLS は、クレジットカード番号や個人情報など、機密性の高い情報を取り扱う Web サイトで、これらの情報が盗み取られるのを防止するため、広く利用されている。また、このプロトコルは、暗号化に加え、電子証明書によって通信相手の本人性を証明し、なりすましを防止するなど、インターネット上で安全にデータをやり取りするための機能も提供している。

　さらに、OSI 基本参照モデルにおいて、TLS は TCP などと同じトランスポート層のプロトコルであるため、TCP の代替として利用することができる。そのため、HTTP（Column 参照）だけではなく、様々な上位層のプロトコルと組み合わせて利用することができることから、インターネットにおける汎用的な通信の暗号化方式として広く利用されている。

Column　HTTPS

　Web の代表的なプロトコルとして HTTP（Hypertext Transfer Protocol）があり、このプロトコルは Web ブラウザと Web サイトの間で、通信データをやり取りするものである。

　なお、HTTP の通信では、暗号化についての仕様がないため、通信内容の盗み見や改

ざんなどの危険がある。そのため、SSL/TLS によって暗号化された通信経路を確立し、その中で HTTP による通信を行うという方式が用いられる。

この通信方式は HTTP over SSL/TLS と呼ばれ、スキームとして「https://」を用いる。Web サイトの URL や、Web ブラウザに表示された Web ページのアドレス欄などが「https://」で始まっていれば、そのページとの通信は SSL/TLS によって保護されていることが確認できる。

3 SSH（Secure Shell）

セキュアシェルとも呼ばれ、主に Linux などの UNIX 系 OS で利用される、遠隔ログインを安全に行うためのプロトコル、およびソフトウェアである。認証部分を含め、パスワードなどの認証情報や入力されるコマンドなどの通信がすべて暗号化されるため、安全に通信することができる。

SSH では、公開鍵暗号を利用し、共通鍵を暗号化して鍵交換を行い、Telnet（IP ネットワークにおける遠隔操作をするためのプロトコル）などの暗号化の仕組みのないプログラムやプロトコルに代わり、安全な遠隔操作手段として普及している。また、認証においても、パスワードや公開鍵だけではなく、ワンタイムパスワードを利用するなど、適切な認証方式を選択することができる。

第2節　セキュアな通信技術

セキュアな通信技術の代表的なものとして VPN がある。また、電子メールを安全にやり取りするための技術として、S/MIME をはじめ、さまざまな技術やプロトコルなどがある。

1 VPN（Virtual Private Network）

仮想専用線や仮想プライベートネットワークなどとも呼ばれ、公衆回線を経由して構築された仮想的な組織内のネットワーク、またはそのような専用線を構築する技術を指すものである。

例えば、企業内ネットワークでの本社と支社など、拠点間接続に利用され、あたかも自社の専用線のように通信を行うことができ、暗号化技術により盗聴を防止し、認証技術によりなりすましを防止する。

VPN の方式として、インターネット VPN や IP-VPN などがあり、コストや安全性・安定性などから、目的や用途などによって選択する。

●インターネット VPN

一般なインターネット回線を経由して VPN を構築するため、コストを抑える

ことができる一方で、公衆回線を利用することにより、状況によっては通信速度が低下したり、盗聴・改ざんが発生する場合もある。インターネット VPN には、SSL-VPN と IP Sec-VPN という 2 つの種類がある。

・SSL-VPN

、通信の暗号化に SSL/TLS を用いる VPN であり、自宅や出先などから公衆回線を経由して社内サーバに接続するリモートアクセスの用途などでよく用いられる。

SSL-VPN では、Web ブラウザに標準搭載される暗号化技術を採用することにより、ネットワーク機器の設定を変更したり、専用のソフトウェアを導入する必要がないため手軽に VPN を構築できる。その一方で、安全性が低下するため、アクセスできるユーザや端末の制限を厳密に行う必要がある。

SSL-VPN には、**リバースプロキシ型**、**ポートフォワーディング型**、**L2 フォワーディング型**の 3 種類の実装方式があり、それぞれ利用できるアプリケーションや必要なハードウェア・ソフトウェアの構成が異なる。

・IPsec-VPN

通信の暗号化に IPsec を用いる VPN であり、例えば、本社と支社などの各拠点の LAN 同士を接続するための安全性の高い接続方式として、広く導入されている。なお、リモートアクセスを行う際には、専用のソフトウェアのインストールや環境設定を行うなどの事前準備が必要となる。

また、不特定多数のユーザが利用する SSL-VPN とは異なり、IPsec-VPN は、送信者と受信者が同一の専用のソフトウェアをインストールするため、比較的高速な通信を行うことが可能となる。

● IP-VPN

通信事業者が独自に運用している専用線（閉域網）を利用して構築する VPN であり、通信業者と契約したユーザのみが利用できる閉ざされたネットワークである。**MPLS**（Multi-Protocol Label Switching）という転送技術を利用するため、MPLS-VPN とも呼ばれることもある。MPLS とは、ラベルと呼ばれる識別子を付与して高速にパケット転送を行う技術であり、IETF によって標準化されている。

MPLS を利用することによって専用線に近いセキュアな環境を利用でき、コストが高くなる一方で、通信帯域が保証されているため、高速な通信が可能となる。

Column トンネリングとカプセル化

トンネリング（tunneling）とは、通信ネットワーク上の拠点間接続に利用される仮想的な通信通路のことであり、VPN で利用される技術である。トンネリングで作成さ

れた仮想通路をトンネルといい、これはネットワーク上からは見えないため、外部から
の侵入を防ぐ効果がある。しかし、仮にトンネルに不正侵入された場合、通信内容が盗
聴される危険性があるため、VPN ではトンネルを通すデータをカプセル化する。

　カプセル化（encapsulation）とは、パケットを別のプロトコルで覆って送受信する
仕組みであり、インターネットにおいて標準的に利用されている技術である。異なる
ネットワーク間を相互に接続する機能を提供し、プロトコルを変換したい場合や、通信
の内容を暗号化する場合などに利用される。

2　電子メールのセキュリティ技術

　電子メールを安全にやり取りするための認証や暗号化には、さまざまな技術や
プロトコルなどがある。これらによって、なりすましや改ざんの検知、情報漏え
いなどを防ぐことができ、迷惑メールなどの送信を抑制することができるように
なる。

● S/MIME（Secure Multipurpose Internet Mail Extensions）

　電子証明書とハイブリッド暗号方式（Ⅲ-7-4参照）を用いた電子メールの規
格であり、IETF によって標準化されている。

　送信メールにデジタル署名をすることで、受信者側はその本人から送信され
ていることが確認でき、改ざんの検知も可能となる。また、ハイブリッド暗号
方式によって暗号化し、送信内容を秘匿することもできる。

　主なメールソフトは S/MIME に対応しており、公開鍵の受渡しには PKI の
認証局（Ⅲ-7-5参照）を利用して行われるため、事前に認証局に対して公開鍵
の登録申請・承認が必要となる。第三者機関である認証局を利用するため、多
くのユーザと公開鍵をやり取りしやすいことから、多数のユーザでのやり取り
に適している。

● OP25B（Outbound Port 25 Blocking）

　ISP（インタネットサービスプロバイダ：Internet Services Provider）の
ユーザが、外部のメールサーバ経由でメールを送信できなくするための対策で
あるる。ISP のユーザがメールを送信する際は、その ISP のメールサーバを経
由するか、認証により本人確認を経てからでないと送信ができないため、なり
すましを防ぎ、スパムメールやマルウェアを含む迷惑メールなどの送信を抑制
することができるようになる。

　具体的には、ネットワークの境界にあるルータなどの通信機器で、ネット
ワーク内から外部のコンピュータの TCP ポート25番への通信を禁止すること
により、接続で利用している ISP の送信用メールサーバ以外へのアクセスを
制限する。

● **SMTP-AUTH**（SMTP Authentication）

SMTP 認証とも呼ばれ、送信メールサーバで、ユーザ名とパスワードなどを用いてユーザを認証する方式であり、メールの送信や転送に用いるプロトコルの SMTP（Simple Mail Transfer Protocol）の拡張仕様の一つである。

SMTP は、もともとユーザ認証の仕組みを持たず、誰でも自由に SMTP サーバへメールの送信依頼をすることが可能であったため、スパムメールやマルウェアを含む迷惑メールなどの送信の要因となっていた。そのため、SMTP-AUTH では、ユーザのメールソフト（クライアント）から SMTP サーバ（メール送信サーバ）へメールの送信依頼を行う際に認証の過程を導入し、クライアント側にアカウント名やパスワードを申告させ、正規のユーザであることを確認したうえで送信を受け付けるようにすることができる。

● **SPF**（Sender Policy Framework）

電子メールの認証技術の一つであり、メールの送信元ドメインが詐称されていないかを調べて、ドメイン名の正当性を検証する仕組みである。ドメイン名についての情報を配布する DNS（Domain Name System）を利用して、実際の送信元アドレスに記載されたドメインから送られてきたメールかどうかを調べることができる。

ドメインの管理者は、自ドメインが虚偽の送信元の一部に使われることを防ぐため、自ドメインの DNS 情報に SPF レコードと呼ばれる情報を追加する。この SPF レコードには、そのドメイン名を送信元としてメールを送ってもよいサーバの IP アドレスなどを記述し、そのアドレスを持つメールサーバからは、ドメイン内の正規の利用者からのみメールを送信できないよう設定しておく。

また、SPF に対応したメール受信サーバは、メールの受信時に、そのメールの送信元となっているドメインの SPF レコードを DNS で問い合わせる。送信元のサーバが SPF レコード中で許可されていない場合は、送信ドメインの詐称が行われたと判断して、受信を拒否するなどの処理を行う。

● **DKIM**（DomainKeys Identified Mail）

電子メールの認証技術の一つであり、メールを送信する際に送信元がデジタル署名をし、受信者がそれを検証することで、なりすましやメールの改ざんを検知できるようにする仕組みであり、IETF によって標準化されている。

DKIM では、送信側がメールの作成時に、「DKIM-Signature」というヘッダを追加して秘密鍵の所有者のみが作成可能なデジタル署名をし、その秘密鍵に対応する公開鍵は DNS サーバに予め登録しておく。デジタル署名をしたメールは、送信メールサーバから送信され、受信メールサーバを経由して受信

者のもとに届く。その際、受信側は DNS サーバから取得した公開鍵情報を使用して、メールに付与されたデジタル署名によって、送信者の本人性を確認する。

Column PGP（Pretty Good Privacy）

　ハイブリッド暗号方式を使い、メールの暗号化やデジタル署名によって、なりすましや改ざんなどを検知するソフトウェアである。PGP の暗号方式を標準化した使用は、OpenPGP と呼ばれ、IETF によって公開されている。

　S/MIME と同様に、この方式で暗号化したメールを送受信するには、送信側・受信側ともにこの規格に対応したメールソフトを使用しなければならならない。

MEMO

Ⅳ. コンピュータの一般知識

Chapter **Ⅳ**

Information Security
Managing Executive

第1章 コンピュータに関する知識

　コンピュータを利用するにあたり、その基礎となる情報の単位や文字コード、ファイル形式などの理解が必要となる。

第1節　情報の単位

　コンピュータは、オフとオンの２種類の電気信号によって計算や記録などの処理を行う。このオフとオンは、０と１の２つの数字で表す。この０と１で表した情報の単位を**ビット**（bit）といい、コンピュータで扱う最小の単位となる。

●ビットとバイト

　１ビットで表すことができるのは、０または１の２通りであり、ビット数が増えると次のようになる。

　　１ビット：２通り　　　（０、１）
　　２ビット：$2^2=4$ 通り　（00、01、10、11）
　　４ビット：$2^4=16$ 通り　（0000、0001　………　1110、1111）
　　８ビット：$2^8=256$ 通り　（00000000、00000001 …… 11111110、11111111）

　通常は、８ビットを１バイト（Byte）として表し、ビットがコンピュータで扱う情報の**最小単位**であるのに対し、**バイトは基本単位**となる。

●記憶容量の単位

　情報量（記憶容量）が多くなるにしたがって、一般的には1,024倍ごとに補助単位を付けて、次のように表すこととなる。

【記憶容量の単位】

単位	読み	記憶容量
1Byte	バイト	８ビット
1KB	キロバイト	1,024Byte
1MB	メガバイト	1,024KB
1GB	ギガバイト	1,024MB
1TB	テラバイト	1,024GB
1PT	ペタバイト	1,024TB

● 2進数・16進数

　情報の最小単位であるビットは、0または1の2つの値をとることから、コンピュータで数値データを扱う場合は、2進数や8進数、16進数で表すこととなる。

　10進数と2進数、8進数、16進数の対応は、次の表のとおりである。

【10進数と2進数、8進数、16進数】

10進数	2進数	8進数	16進数
0	0	0	0
1	1	1	1
2	10	2	2
3	11	3	3
4	100	4	4
5	101	5	5
6	110	6	6
7	111	7	7
8	1000	10	8
9	1001	11	9
10	1010	12	A
11	1011	13	B
12	1100	14	C
13	1101	15	D
14	1110	16	E
15	1111	17	F
16	10000	20	10
17	10001	21	11
18	10010	22	12
19	10011	23	13
20	10100	24	14

第2節　コンピュータで扱う単位

　情報量だけではなく、処理速度や画素数などのハードウェアの性能などを表す指標として、さまざまな単位が用いられている。

　代表的な単位は、次のとおりである。

・**bps**（bits per second）

　通信におけるデータ転送の速度を表す単位で、1秒間に何ビットのデータを転送できるかを示すものであり、インターネットなどのネットワークの回線速度などを表す場合に用いられる。bps の値が大きいほど、通信は高速になる。

・**dot**

　ディスプレイやプリンタなどで、文字や画像を構成する最小単位となっている点のことである。ディスプレイでは、無数のドットの集合によって文字や画像が表現されている。

・**dpi**（dots per inch）

　プリンタの印刷精度やスキャナなどの読取り精度、ディスプレイの表示性能など、一般に解像度が用いられる際の指標として使用される単位であり、1インチあたりで何個の点（ドット）を表現できるかを示すものである。dpi の値が大きいほど、解像度が高く、美しい表現が可能となる。

・**pixel**（px）

　ディスプレイやデジタル画像などを構成する最小単位であり、色のついた微細な点のことである。画素とも呼ばれ、単位を表す場合は px と略記されることもある。

　なお、dot は単なる物理的な点であるのに対し、pixel は色情報（色調・階調・透明度など）を持つ点を意味するものである。

・**cpi**（characters per inch）

　情報の記録密度を表す単位の一つであり、1インチあたりで何個の文字や記号を表現できるかを示すものである。プリンタなどでは、印字する文字の大きさを表し、紙面上の横幅1インチ当たりに何文字を詰めるかを表す。

・**Hz**（Hertz）

　1秒間あたりの振動回数を表す周波数の単位であり、CPU の処理性能を示す指標となるクロック周波数の単位として用いられている。また、無線電波の周波数や電子回路の同期信号（クロック信号）の周波数、音声のサンプリング周波数などの単位としても用いられている。

・**MIPS**（Million Intructions Per Second）

　コンピュータの処理速度をあらわす単位の一つであり、毎秒何百万回の命令を実行できるかを表すものである。1MIPS のコンピュータは、1秒間に100万回の命令を処理できる。

・PV（PageView）

　　Web サイトまたは特定の Web ページにおけるアクセス数の単位の一つであり、どの程度閲覧されているかを測るための一般的な指標である。例えば、サイトの訪問者の Web ブラウザに Web ページが 1 ページ表示されると、「1PV」とカウントする。

　　なお、同一の閲覧者による一連の Web ページ閲覧を 1 つとして数えたものは、ビジット（visit）や訪問数、セッション（session）などという。例えば、ある閲覧者が Web サイトを訪れ、4 つの Web ページを閲覧して別のサイトに移った場合、ビジットは 1 回、PV は 4 回となる。

第 3 節　文字コード

　文字コードはキャラクタコードとも呼ばれ、コンピュータ上で文字や記号をデータとして扱うために、1 文字ずつ固有の識別番号を割り当てて、その番号を数値データにしたものである。代表的な文字コードとして、ASCII コードや、日本語の利用環境においてはシフト JIS、EUC-JP、Unicode（UTF-8・UTF-16・UTF-32）などが用いられている。

・ASCII コード

　　ANSI（American National Standards Institute：アメリカ規格協会）の前身である ASA によって定められた、英語のアルファベットや数字などを中心とする文字コード体系である。最も基本的な文字コードとして世界的に普及しており、他の多くの文字コードが ASCII の拡張になるように実装されている。1 文字を 7 ビットの値で表現し、128 文字が収録されている。

・EUC-JP（Extended Unix Code for Japanese：日本語 EUC）

　　AT&T が策定した文字コード体系の EUC の、各国の定義部分に日本語の文字集合の割り当てを定義したものである。EUC-JP は、日本語 UNIX システム諮問委員会が策定した方式で、AT&T によって承認され、UNIX 系 OS で標準的に利用されてきたものであり、2 バイトで漢字も表現できる。

　　また、EUC は、文字の種類が数百から数万あり、1 文字を 1 バイトでは表現できないマルチバイト文字で用いられている。例えば、韓国語（ハングル文字）の EUC-KR や、簡体字（中国語）の EUC-CN などがある。

・シフト JIS（Shift_JIS）

　　日本産業規格（JIS X 0208）で規定されている日本語の文字コードであり、Microsoft 社が制定し、MS-DOS や Windows などが標準の日本語文字コード

として採用したことから、広く普及している。シフトJISでは、文字集合をいくつかに分割し、それぞれ異なる離れた領域へ移動（shift）させていて、2バイトで日本語で使用するほぼすべての文字を2バイトで表現することができる。

・Unicode（Universal Coded Character Set）

Unicode コンソーシアム（大手のコンピュータメーカーが参加して設立された非営利団体）によって策定された文字コードであり、世界の主な言語のほとんどの文字を収録している。それぞれの文字をコードポイントと呼ばれる値で定義し、文字だけではなく、通貨記号や約物など、文字と共に使われる記号や絵文字なども登録されている。

なお、Unicode にも標準の符号化方式がいくつか定められており、用途や処理の内容などに応じて使い分けている。これら全体を総称して UTF（UCS Transformation Format）と呼び、UTF-8、UTF-16、UTF-32の3種類がある。

・UTF-8

1文字を1～6バイトの可変長で表現するものであり、日本語や様々な言語の文字を扱える文字コードとしては世界的に最も普及している。

・UTF-16

1文字を2バイトの固定長で表現するものである。

・UTF-32

1文字を4バイトの固定長で表現するものであり、最も単純な表現形式である。文字よって長さが異なることがないためソフトウェアで処理しやすいが、UTF-8や UTF-16に比べてデータ量が大きくなることから、データの保存や通信には向いていない。

第4節　ファイル形式

ファイル形式はファイルフォーマットなどとも呼ばれ、コンピュータ上のデータをどのように扱うかを定めた規約のことである。アプリケーションソフト独自の形式があるほか、コンピュータプログラムや文書、画像、動画、音声など、様々な種類のデータについてファイル形式が定義されている。

また、あるファイルがどのようなファイル形式なのかを識別するために、Windows などではファイル名の末尾を「.」（ドット、ピリオド）で区切り、**拡張子**と呼ばれる3文字前後の英数字を付加する。例えば、「○○○.docx」は、○○○というファイル名の、Microsoft Word 2007以降で作成されたファイルを表すものである。

Windows 環境において、次の半角文字は、ファイル名やフォルダ名などに使用することができない（全角文字であれば使用可能）。

¥ （円記号）	／ （スラッシュ）
： （コロン）	＊ （アスタリスク）
？ （クエスチョンマーク）	” （ダブルクォーテーション）
〈 〉（不等号）	｜ （バーティカルバー）

1　ファイル形式の種類

●文書（テキスト）などのファイル形式

・TXT（text file）

文字コードのみで構成されたファイル形式であり、ほとんどの OS やアプリケーションソフトが読込みや書出しに対応しているため、異なるアプリケーションソフト間でのデータの受渡しに利用されている。

・CSV（Comma-Separated Values）

主に表計算ソフトやデータベースソフトのテキストデータの保存形式として使用されているファイル形式であり、それぞれの値が「　,　」（カンマ）で区切られている。異なるアプリケーションソフト間でのデータの受渡しに利用される。

なお、カンマではなく、タブで区切られているファイル形式は、TSV（Tab-Separated Values）である。

・PDF（Portable Document Format）

文字情報だけではなく、フォントや文字のサイズ、文字飾り、埋め込まれた画像などの情報が保存できるファイル形式であり、コンピュータの機種や環境、OS などに依存せずに、オリジナルとほぼ同じ状態で文章や画像などの閲覧が可能である。

●画像や音声ファイル形式

・MPEG（Moving Picture Experts Group）

動画・音声データの圧縮方式の標準規格を検討するための組織及び、その組織が勧告した規格群の総称でもある。MPEG によって策定された方式として、次のようなものがある。

・MPEG-1

IV
コンピュータの一般知識

画像と音声をあわせて毎秒1.5M（メガ）ビットに圧縮する符号化技術であり、Video CD の標準圧縮方式や初期のデジタルカメラのムービー録画機能などに採用されている。

なお、MPEG-1の音声部分だけの圧縮規格は MP3と呼ばれ、オーディオ信号のデジタル化に利用されている。MP3は、オーディオ信号のデータ圧縮方式として優れており、圧縮率が高く、高品質なため、広く普及している。

・MPEG-2

画像と音声をあわせて毎秒4～15M ビットに圧縮する符号化技術であり、DVD-Video や地上デジタル放送、衛星デジタル放送などに採用され、広く普及している。

・MPEG-4

MPEG-1や MPEG-2と比較して、高い圧縮率を持つことを特徴としており、Blu-ray Disc の動画記録形式の標準の一部や、地上デジタル放送の移動体受像機向けの1セグメント放送（ワンセグ放送）などに採用されている。また、デジタルカメラやデジタルビデオカメラ、スマートフォンの動画撮影や録画機能の動画形式としても利用されている。

・その他

MPEG-3は、本来はハイビジョンクラスに用意されていたが、MPEG-2に吸収され、現在は消滅している。MPEG-7は、映像や音声を含むマルチメディアコンテンツを記述するための標準規格であり、MPEG-21は、デジタルコンテンツの標準化のための規格である。

・**JPEG**（Joint Photographic Experts Group）

動画・音声データの圧縮方式の標準規格を検討するための組織及び、その組織が定めた圧縮方式の名称でもあり、写真など自然画像の記録に向いている。多少の劣化を伴うが、フルカラーの画像を高い圧縮率で符号化できるのが特徴であり、インターネットの画像配布や、デジタルカメラの画像記録などに利用されている。

・**BMP**（Bit MaP）

Windows が標準でサポートしている画像ファイル形式であり、白黒からフルカラーまでの色数を指定できるが、ファイルサイズが大きいためネットワーク上でのやりとりには適していない。

・**TIFF**（Tagged Image File Format）

ビットマップ形式の画像データを保存するためのファイル形式の一つであ

り、タグという情報を追加することでさまざまな形式のビットマップ画像を
扱える。

・GIF（Graphics Interchange Format）

　　画像データを圧縮して記録するファイル形式の一つであり、256色までの
画像を無劣化（ロスレス）で圧縮することができる。Webページ上で、特
定の色を透過させる「透過GIF」や、簡単なアニメーションを表現できる
「GIFアニメーション」などの仕様があり、ネットワーク上ではJPEGと並
びよく使われる。

・PNG（Portable Network Graphics）

　　主にWebページで扱うことを前提に開発された画像ファイル形式であり、
GIF形式と比較してファイルの圧縮率が高い割に、画質が劣化しないのが特
徴である。フルカラーの画像を無劣化で圧縮することができるため、図やイ
ラストなどの記録に向いている。

・WAVE（Waveform Audio File Format）

　　音声データを記録するためのファイル形式の一つであり、Windowsが標
準で対応している。Windowsの起動時や警告、終了時などの音声も、
WAVEファイルとして保存されている。なお、WAVE形式を、WAV形式
と表記する場合もある。

・AIFF（Audio Interchange File Format）

　　音声データを非圧縮状態で記録するためのファイル形式の一つであり、
macOS（Mac OS X／旧Mac OSを含む）やiOSなどで標準的に利用されて
いる。MP3と比較すると容量が大きくなるが、高音質での記録が可能であ
る。

●その他

・EXE（Executable File）

　　Windowsで用いられる実行可能プログラムのファイル形式の一つであり、
ファイルをクリックするとプログラムが自動的に実行されるようになってい
る。主に、アプリケーションを起動するためのプログラムや、アプリケーショ
ンソフトをインストールするためのプログラムなどとして利用されている。

・Zip

　　複数のファイルやフォルダを1つのファイルにまとめて格納するアーカイ
ブファイルの標準的な形式の一つであり、国内外でも広く利用されている。
拡張仕様として、パスワードを設定し、ファイルを暗号化するものもある。

2　マークアップ言語

　コンピュータによって処理される人工言語の種類の一つであり、タグと呼ばれるあらかじめ役割を決められた特定の文字列を所定の位置に埋め込むことで、文章の構造や見栄えに関する情報を指定する。

　HTMLなどの文書を構成するマークアップ言語や、SGMLやXMLなどの特定の対象や用途に特化したマークアップ言語など、さまざまなものがある。

・HTML（HyperText Markup Language）

　　Webページを記述するためのマークアップ言語であり、W3C（World Wide Web Consortium：ワールドワイドウェブコンソーシアム）によって標準化が行われている。文字・画像・音声・動画を表現できるほか、他の文書などの情報源を参照するハイパーリンクを設定できる。

　　HTMLでは、「〈　〉」と「　」で挟まれたタグと呼ばれる特別な文字列を使い、例えば、「〈html〉」と「〈/html〉」のように、「開始タグ」と「終了タグ」をセットにして各部分を囲み、その部分に特定の意味や表示効果などを指定することができる。

・SGML（Standard Generalized Markup Language）

　　文書の内容を構造化して記述するマークアップ言語であり、文書内容となる文字列をタグで囲む記述方法を用いている。現在では、SGMLをベースに策定されたXMLやHTMLを用いて電子文書を作成する。

・XML（Extensible HyperText Markup Language）

　　SGMLの欠点を改善するために策定されたマークアップ言語であり、HTMLやSGMLと同様に、文書内容となる文字列をタグで囲む記述方法を用いる。汎用性、拡張性が高く、用途に応じて独自のマークアップ言語を定義することができ、アプリケーションのファイル保存形式や、Web上の様々なサービス間のやりとりなど、様々な場面で使用されている。

第2章 ソフトウェアに関する知識

　ソフトウェアとは、情報システムを構成する要素で、プログラムのことであり、プログラムが動作するのに必要なデータも含まれ、物理的な要素であるハードウェア（コンピュータのシステム全体を構成する機器など）を除いた無形の要素すべての総称でもある。

　ソフトウェアは、OS とアプリケーションソフトに大別することができる。

第1節　OS

　OS（Operating System：オペレーティングシステム）は基本ソフトと呼ばれ、入出力の制御、メモリやハードディスクなどのハードウェアの管理、プロセスの管理といったコンピュータの基本的な管理・制御を行い、利用者への基本的な操作手段の提供などを行っている。

　代表的な製品として、Windows、Mac OS、UNIX、Linux などが挙げられる。

● Windows

　米 Microsoft 社が開発・発売している OS 製品のシリーズ名である。

　特徴として、表示や操作の体系は GUI（Graphical User Interface：グラフィカルユーザインタフェース）を基本として、操作の大半はマウスやタッチスクリーンなどによるものであり、「デスクトップ」と呼ばれる OS の管理画面上で、**プリエンプティブマルチタスク**による複数の「ウィンドウ」を並行して操作できることなどがある。また、コンピュータに周辺機器などを追加・接続する際、Windows が自動的に導入・設定を行い、利用可能な状態にする**プラグアンドプレイ**（PnP）の機能も搭載されている。

　1985年に Windows 1.0が発売され、1992年発売の Windows 3.1までは MS/DOS をベースとした GUI 拡張ソフトであったが、1995年発売の Windows 95からは、単体の OS として発売され、パソコンの普及とともに一気にシェアが拡大していった。2024年2月現在の最新版は、Windows 11である。

● macOS（Mac OS X）

　米 Apple 社が、同社のパソコン Mac シリーズに提供している OS 製品である。

以前の Mac OS とは基本設計が全く異なり、カーネルと呼ばれる中核部分に業務用コンピュータなどで使われてきた UNIX 系 OS の技術が採用され、動作の安定性や堅牢性がさらに向上した。また、Mac OS X では、Aqua という GUI が採用されている。

最初のバージョンの Mac OS X 10.0は2001年に発売され、2024年2月現在の最新版は、macOS 14.1である。

● UNIX

AT&T 社ベル研究所（1969年当時）にて開発が始まった OS、またその流れを汲む OS の総称であります。なお、UNIX という名称の商標権は、業界団体の The Open Group が保有しており、この団体の策定した共通仕様である「Single UNIX Specification; シングルユニックススペシフィケーション」を満たしていると認定された OS のことを UNIX という。

UNIX は、複数の処理を1台のコンピュータで同時に実行可能、かつ、複数の人間が1台のコンピュータを同時に使用することが可能となっている（**マルチタスク・マルチユーザ**に対応）。また、UNIX は、コマンドで操作するため、操作環境は CLI（コマンドラインインターフェース）であり、構造がシンプルであるため、サーバ OS として高い安定性を確保できる。

UNIX には多数の派生が存在しており、現在でも広く使用されている。代表的な派生 OS・互換 OS として、Linux や BSD（Berkeley Software Distribution）、SunOS、Solaris などが挙げられる。

● Linux

UNIX 系の OS の一つで、もっと普及している**オープンソース**の OS であり、主に業務用コンピュータシステムや携帯端末、デジタル家電などに採用されている。非営利団体のリナックス・ファウンデーション（Linux Foundation）が開発を主導し、有志による共同での開発や修正に取り組んでいる。

UNIX と同様に、マルチタスク・マルチユーザ、CLI、高い安定性などの特徴を持っている。また、Linux はサーバ OS だけではなく、パソコンの OS としても活用されており、Linux の派生も多数存在する。主な派生 OS として、Cent OS（Cent OS Stream）や Ubuntu などがある。

●モバイルデバイス（携帯端末）用 OS

現在は、Android と iOS が市場を二分している状況である。

Android は、米 Google 社が開発した、スマートフォンやタブレット端末など携帯情報機器向けの OS であり、OS の中核部分にはオープンソースとして

公開されている Linux カーネルに手を加えたものを採用している。

iOS は、米 Apple 社が開発及び提供する OS であり、同社が提供する iPhone、iPad、iPod touch などの、いわゆる「iOS デバイス」に内蔵されている。

Column　ミドルウェア、ファームウェア

・ミドルウェア

　　OS とアプリケーションソフトの中間に位置し、特定分野の基本機能や共通機能を提供するソフトウェアであり、どのようなソフトウェアがミドルウェアとして提供されるかは分野によって大きく異なる。

　　ミドルウェアの種類として、データベース管理システム（DBMS）、アプリケーション間連携ソフト、Web サーバ、アプリケーションサーバなどがある。

・ファームウェア

　　ハードウェアに組み込まれ基本的な制御を行うソフトウェアであり、コンピュータや電子機器などに内蔵されている。FW や F/W などと略記されることもある。

第2節　アプリケーションソフト

　ある特定の目的のために開発・利用するソフトウェアであり、応用ソフトとも呼ばれ、アプリと略記されることもある。

　アプリケーションソフトの代表的なソフトウェアとして、表計算ソフト、ワープロソフト、プレゼンテーションソフトなどのいわゆるオフィスソフトや、Web ブラウザ、メールソフトなどがある。

　また、ファイルやフォルダの圧縮や、メモリ管理ツール、スクリーンセーバ、マルウェアの検知・駆除ソフトなど、システムや他のソフトウェアの機能を補ったり、操作性や安全性を向上させることなどをするものは、**ユーティリティソフト**と呼ばれている。なお、ユーティリティソフトは、OS にあらかじめ付随しているものや、別途市販されているものなど、さまざまなものがあり、アプリケーションソフトに分類される場合もあれば、別のソフトウェアとして位置づけられる場合もある。

Column　アプリケーションソフトや OS の機能

　アプリケーションソフトや OS などで利用されている機能には、次のようなものがある。

■アプリケーションソフト

・マクロ機能

　表計算ソフトやワープロソフトなどで、関連する複数の操作や手順、命令などを一つにまとめ、必要に応じて呼び出すことができるようにする機能のことである。

　マクロを作成する方法には、一連の作業を順に記憶させる方法と、マクロ言語によってプログラムに命令を組み込む方法がある。

・オートフィル

　「月」「火」「水」…や、「1 月」「2 月」「3 月」…のように、日付や数値など、規則性のあるデータを連続して自動的に入力する、表計算ソフトに搭載されている機能である。

・オートコンプリート

　キーボードからの入力を補助する機能の一つで、過去の入力履歴から次の入力内容を予測してあらかじめ表示するもので、表計算ソフトや Web ブラウザで URL を入力する際などに採用されている。

■ OS

・OLE（Object Linking and Embedding）機能

　Windows で複数のソフトウェアを連携したり、データを共有する機能である。例えば、プレゼンテーションソフトの PowerPoint で作成したスライドに表を挿入したい場合は、Excel で作った表をリンク貼り付けすれば、そのまま PowerPoint のスライドに埋め込まれるだけではなく、PowerPoint 上で修正や編集を行うことができる。

　OLE 機能を利用することにより、異なるアプリケーション間でも、オブジェクトを共有できるようになる。

・アドイン機能

　すでに存在しているアプリケーションに、特定の機能を追加するプログラムやその手続きのことであり、アドオンとも呼ばれる。

第3節　OSS

　オープンソフトウェア（OSS：Open Source Software）は、プログラミング言語で書かれたコンピュータプログラムであるソースコードを、無償で一般に公開し、その改良や再配布などを誰でも自由に行ってよいという考え方、また、そのような考えに基づいて公開されたソフトウェアのことである。

　なお、OSS については、自由に利用できるが、利用条件や制約、利用者の義務などがあり、「オープンソースライセンス」（open source license）と総称される利用許諾契約に基いて公開されるのが一般的である。

● OSS の定義

　OSS の定義はいくつかあり、総務省では「インターネットを通じてソースコードが公開され、誰でも自由に使用・改変・再配布できるソフトウェア」と

定義し、さらに「厳密には Open Source Initiative（OSI）が定めた The Open Source Definition（OSD）と呼ばれる定義を満たすソフトウェア」と示している（平成18年度版「情報通信白書」）。

　また、非営利団体オープンソース・イニシアティブ（Open Source Initiative）による、オープンソースプログラムに求められるライセンス条件の定義を OSD として公表している。国内では、OSD について、一般社団法人オープンソース・グループ・ジャパンで、日本語訳を公開している。

Reference：オープンソースの定義　v1.9　日本語版

はじめに
　「オープンソース」とは、単にソースコードが入手できるということだけを意味するのではありません。「オープンソース」であるプログラムの頒布条件は、以下の基準を満たしていなければなりません。

1. 再頒布の自由
　「オープンソース」であるライセンス（以下「ライセンス」と略）は、出自の様々なプログラムを集めたソフトウェア頒布物（ディストリビューション）の一部として、ソフトウェアを販売あるいは無料で頒布することを制限してはなりません。ライセンスは、このような販売に関して印税その他の報酬を要求してはなりません。

2. ソースコード
　「オープンソース」であるプログラムはソースコードを含んでいなければならず、コンパイル済形式と同様にソースコードでの頒布も許可されていなければなりません。何らかの事情でソースコードと共に頒布しない場合には、ソースコードを複製に要するコストとして妥当な額程度の費用で入手できる方法を用意し、それをはっきりと公表しなければなりません。方法として好ましいのはインターネットを通じての無料ダウンロードです。ソースコードは、プログラマがプログラムを変更しやすい形態でなければなりません。意図的にソースコードを分かりにくくすることは許されませんし、プリプロセッサや変換プログラムの出力のような中間形式は認められません。

3. 派生ソフトウェア
　ライセンスは、ソフトウェアの変更と派生ソフトウェアの作成、並びに派生ソフトウェアを元のソフトウェアと同じライセンスの下で頒布することを許可しなければなりません。

4. 作者のソースコードの完全性（integrity）
　バイナリ構築の際にプログラムを変更するため、ソースコードと一緒に「パッチファイル」を頒布することを認める場合に限り、ライセンスによって変更されたソースコードの頒布を制限することができます。ライセンスは、変更されたソースコードから構築されたソフトウェアの頒布を明確に許可していなければなりませんが、派生

ソフトウェアに元のソフトウェアとは異なる名前やバージョン番号をつけるよう義務付けるのは構いません。

5. 個人やグループに対する差別の禁止
ライセンスは特定の個人やグループを差別してはなりません。

6. 利用する分野（fields of endeavor）に対する差別の禁止
ライセンスはある特定の分野でプログラムを使うことを制限してはなりません。例えば、プログラムの企業での使用や、遺伝子研究の分野での使用を制限してはなりません。

7. ライセンスの分配（distribution）
プログラムに付随する権利はそのプログラムが再頒布された者全てに等しく認められなければならず、彼らが何らかの追加的ライセンスに同意することを必要としてはなりません。

8. 特定製品でのみ有効なライセンスの禁止
プログラムに付与された権利は、それがある特定のソフトウェア頒布物の一部であるということに依存するものであってはなりません。プログラムをその頒布物から取り出したとしても、そのプログラム自身のライセンスの範囲内で使用あるいは頒布される限り、プログラムが再頒布される全ての人々が、元のソフトウェア頒布物において与えられていた権利と同等の権利を有することを保証しなければなりません。

9. 他のソフトウェアを制限するライセンスの禁止
ライセンスはそのソフトウェアと共に頒布される他のソフトウェアに制限を設けてはなりません。例えば、ライセンスは同じ媒体で頒布される他のプログラムが全てオープンソースソフトウェアであることを要求してはなりません。

10. ライセンスは技術中立的でなければならない
ライセンス中に、特定の技術やインターフェースの様式に強く依存するような規定があってはなりません。

出典：OSG-JP 「オープンソースの定義」 https://opensource.jp/osd/osd19plain/

● OSS のライセンス
一般的に、OSD の10か条を満たしたものがオープンソースライセンスとなり、代表的なものとして、次のようなものがある。

・GPL（GNU General Public License：GNU 一般公的使用許諾）
主にフリーソフトウェアの開発・配布のために用いられるライセンスで、FSF（Free Software Foundation）が公開している。

FSF は、本来は、**GNU** の目的を実現するために設立されたものであり、GNU の主要なスポンサーとなっている。GNU とは、フリーソフトウェア（特に、OSS）のみで、UNIX 風の OS とそれに関連するソフトウェア群を開発・公開するプロジェクトのことである。

GPL においては、ソフトウェアのコピーや配布、ソースコードの公開を原則としつつ改変を認めているが、著作権は、開発者に帰属している。また、再配布や改変の自由を妨げる行為は禁じられており、GPL に基づいて公開されたソフトウェアを改変して再頒布する場合は、GPL に従ってそのソースコードを公開することが求められる。

・**LGPL**（Lesser General Public License）

GPL から派生したライセンスの一つであり、主にライブラリなどの、他のプログラムからリンクされる形で使用されるソフトウェア向けのものである。ライブラリとは、ある特定の機能を持つプログラムを定型化して、他のプログラムが引用できる状態にしたものを、複数集めてまとめたファイルのことである。

GPL では、ライブラリなど部分的な機能しか提供しないプログラムを組み入れるだけでもソフトウェア全体を公開しなければならなかったため、ライブラリ用途のようなソフトウェアや商用ソフトウェアなどでは、GPL で公開された有用なソフトウェアが使用できなくなるケースが生じる。その対策として、制限を緩和したライセンスとして考案されたのが、LGPL である。

LGPL では、ライセンス継承の必要はなく、それを利用して作成されたプログラムのソースコードを公開することは強制されない。しかし、公開されているソースコードを改変して利用した場合には、その部分のソースコードは公開しなければならない。

・**AGPL**（GNU Affero General Public License）

GPL から派生したライセンスの一つであり、クラウドサービスなどの、ソフトウェアの機能をサービスとして提供する場合に適用する条件が含まれるものである。

・**BSD ライセンス**（Berkeley Software Distribution License）

制限の緩いライセンスであり、無保証および免責を宣言し、再配布の際には著作権を表示することのみを条件としているものである。また、BSD ライセンスで公開されたプログラムを改変したり、自らのプログラムに組み込んだ二次的な著作物などは、ソースコードを公開せずに販売や配布をすることができ、BSD ライセンスとは異なるライセンスで提供することもできる。

Column フリーウェア

　フリーウェア（フリーソフトウェア）については、いくつかの解釈があるが、フリーウェアとオープンソフトウェアの違いとして、フリーウェアはソースコードが公開されていないことや、著作権者によって再配布などが認められていない場合があるということが挙げられる。

　また、似たような考え方のソフトウェアには、次のようなものがある。

・シェアウェア
　試用期間は無償だがそれ以降継続して使用する場合は、比較的安い料金を支払うものである。

・ドネーションウェア
　ソフトウェア使用にあたり、寄付を求めるものであるが、寄付は少額の場合が多く、寄付は必須ではないため無料で使い続けることができるものもある。カンパウェアとも呼ばれる。

・パブリックドメイン・ソフトウェア（**PDS**：Public Domain Software）
　開発者が著作権を放棄し、一般に公開したものである。

第3章 ハードウェアに関する知識

　ハードウェアとは、コンピュータのシステム全体を構成する機器の総称であり、コンピュータ本体、キーボードやマウス、スキャナなどの入力装置、ハードディスクなどの記憶装置、ディスプレイなどの出力装置などがある。さらに、装置だけではなく、回路や回路を構成する素子なども含まれる。

　また、コンピュータにおいては、コンピュータシステムを構成するうえで必要となる入力装置・出力装置・演算装置・制御装置・記憶装置を、**コンピュータの5大装置**と呼ぶ。

【コンピュータの5大装置】

第1節　入出力装置

　入力装置とは、コンピュータにデータを入力したり、操作の指示をするための装置の総称であり、キーボードやマウス、デジタルカメラがその代表的なものである。一方、出力装置とは、コンピュータからデータを受け取り、人間が認識できるような形で、表示や印刷などを行う装置の総称であり、プリンタやディスプレイがその代表的なものである。

1 入力装置の種類

入力装置の種類として、キーボードやマウス、デジタルカメラ以外にも、次のような装置も該当する。

- **OCR**（Optical Character Reader）

  光学式文字読取装置や光学式文字認識装置などとも呼ばれ、書類などをスキャンし、電子化した画像データや PDF ファイルから文字を読み取り、テキストデータに変換する装置である。また、それを行う技術やソフトウェアを指す場合もある。

- **OMR**（Optical Mark Reader）

  光学式マーク読取装置とも呼ばれ、紙面に光を当てて反射光を読み取り、決められた読取範囲の中にマークが書かれているか書かれていないかを判別する装置である。資格試験や入学試験、アンケート調査などで、幅広く実用化されている。

- **バーコードリーダ**

  バーコードスキャナとも呼ばれ、製品や製品の包装などに印刷されたバーコードを読み取る装置であり、スーパーやコンビニのレジなどに設置されている。読み取ったバーコードを対応する数値データなどに変換し、接続されているコンピュータなどにデータを転送する。

- **イメージスキャナ**

  図版や文書、写真などを画像データとして読み取り、デジタルデータに変換する装置であり、単にスキャナとも呼ばれる。

  広く普及しているのは、フラットベッドスキャナであり、専用機や複合機などの平たい原稿面に置いた紙面などを、光学ヘッドを動かして読み取るものである。それ以外も、小型のハンディスキャナや、写真のフィルムを読み取るフィルムスキャナなどがある。

- **ポインティングデバイス**

  画面上での入力位置や座標を指定する機器の総称であり、マウスやタッチパネル、ペンタブレット、タッチパッド、トラックボールなどが該当し、ゲーム操作などで使用するジョイスティックなども該当する。

Column　デバイスドライバ

入力装置や出力装置などの周辺機器を、コンピュータで利用するためのソフトウェアであり、単にドライバとも呼ばれる。

マウスやキーボードなどの機種ごとの機能や仕様が大きく変わらないものについては、OS に付属する標準のドライバで大半の機器が使用できる。一方で、ハードウェアはそれぞれ固有の機能や仕様を持つため、一般的に機種ごとに対応するドライバを入手し、インストールしなければならない。

2 出力装置の種類

出力装置の種類として、プリンタやディスプレイ以外にも、光を照射して像を映し出す装置であるプロジェクタ、スピーカやヘッドホンなどがある。

プリンタは、印字方式や構造などによって次のように分類でき、用途や印字品質などによって選択する。

【プリンタの種類】

印字方式	特徴
レーザプリンタ	レーザ光を利用し、トナーという粉末のインクを付着させて印字する方式であり、耐久性に優れ、印字速度が速いという特徴を持つ。
インクジェットプリンタ	インクを紙に吹きかけて印字する方式であり、レーザプリンタよりもコンパクトで、低コストで導入でき、写真、ハガキ、CD のレーベルの印刷など、さまざまな用紙の種類に対応している。
サーマルプリンタ	熱転写プリンタ、感熱式プリンタなどとも呼ばれ、感熱紙に熱を加えて印字する方式であり、レシートの印字などにも利用されている。
ドットインパクトプリンタ	機器に搭載されたピン（印字ヘッド）を、インクリボンに押し付けて印刷する方式のプリンタであり、伝票などに複写印字ができるという特徴を持つ。他のプリンタと比較すると、印字音が大きい。

なお、印字の量（単位）によって、1 ページ単位で印刷する**ページプリンタ**、1 行単位で印刷する**ラインプリンタ**、1 文字単位で印刷する**シリアルプリンタ**に分類することもできる。

Column 色・光の 3 原色

・RGB

カラーディスプレイなどで用いられる光の 3 原色であり、Red・Green・Blue の配合比率を変化させて、すべての色を表現する。

・CMY

IV コンピュータの一般知識

205 •

　　カラープリンタなどで用いられる色（塗料）の3原色であり、シアン（Cyan：水色）、マゼンタ（Magenta：赤紫色）、イエロー（Yellow：黄色）の配合比率を変化させて、すべての色を表現する。これに加えブラック（黒）を加え、**CMYK**とする場合もある。

第2節　入出力インタフェース

　I/Oインタフェース（Input/Output interface）とも呼ばれ、コンピュータ本体と周辺機器を接続するための規格や仕様であり、コネクタやケーブル、信号の送受信方法、データの転送方法などによって分類される。入出力インタフェースは、シリアルインタフェースとパラレルインタフェースに大別することができる。

1　シリアルインタフェース

　1本の信号線で順番に信号やデータを送受信する直列データ転送方式であり、長距離の転送に適している。直列データ転送のため、一度に転送できるデータ量が少ない反面、仕組みが単純であるため、データ転送が高速に行える。標準的なインタフェースとして、ハードディスクやDVDドライブなどの接続にも利用されている。

【シリアルインタフェースの主な種類】

種類	特徴
シリアルATA （SATA）	コンピュータ本体とSSDやハードディスク、CD/DVDドライブなどの外部記憶装置を接続するインタフェースである。転送速度の違いにより、SATA I、SATA II、SATA III があり、それぞれの最大転送速度は、1.5Gbps、3Gbps、6Gbps である。
シリアルSCSI （SAS：Serial Attached SCSI）	従来のSCSI方式（パラレルインタフェース）の後継技術の一つで、コンピュータ本体とSSDやハードディスクなどの外部記憶装置を接続するインタフェースであり、サーバ向けコンピュータ製品で利用されている。最大12Gbpsの転送が可能である。
USB （Universal Serial Bus）	コンピュータ本体とキーボードやマウス、プリンタなど、さまざまな周辺機器を接続するインタフェースである。USB1.1、USB2.0、USB3.0の規格があり、それぞれの最大転送速度は 12Mbps、480Mbps、5Gbps であり、USB3.0の差込口の形状は、端子部分が青色である。

IEEE1394 (FireWire、i.LINK)	コンピュータと周辺機器やデジタル家電などを接続するインタフェースであり、ソニー社の製品はは i.LINK の呼称、Apple 社の製品は FireWire の呼称を用いている。 転送速度は100Mbps ～400Mbps であり、さらに800Mbps ～3.2Gbps が可能になる IEEE1394b という上位規格もある。
HDMI (High-Definition Multimedia Interface)	パソコンやスマートフォン、ゲーム機、デジタル家電などとテレビ、ディスプレイ、プロジェクタなどの表示装置を接続するインタフェースである。 コネクタの種類は、タイプ A ～ E の 5 種類が規定されているが、このうち、標準的なタイプ A と、デジタルビデオカメラなどに用いられるタイプ C（ミニ HDMI）、デジタルカメラやスマートフォンなどに用いられるタイプ D（マイクロ HDMI）が、広く利用されている。

2 パラレルインタフェース

　複数の信号線で同時に並行して信号やデータを送受信する並列データ転送方式であり、長距離のデータ転送には向いていない。並列データ転送方式であるため、一度に転送できるデータ量が多いが、複数の信号の同期を取る必要があることや信号線間の電磁的な干渉などが問題となり、近年ではシリアルインタフェースの利用が増えている。

【パラレルインタフェースの主な種類】

種類	特徴
ATA (AT Attachment) ATAPI (ATA Packet Interface)	コンピュータ本体とハードディスクを接続するインタフェースである。 また、ATA の拡張仕様で、ハードディスク以外の装置を接続する方式が ATAPI であり、内蔵型の CD/DVD ドライブなどとの接続が可能となる。
SCSI (Small Computer System Interface)	コンピュータ本体とハードディスクや CD/DVD ドライブなどの外部記憶装置を接続するインタフェースである。転送速度が40Mbps ～320Mbps の規格がある。

第 3 節　CPU

　CPU（Central Processing Unit）は中央処理装置や中央演算処理装置などとも呼ばれ、コンピュータの中心となる装置であり、演算装置と制御装置を統合したものである。入力装置や記憶装置からデータを受け取り、そのデータに対して演算や加工などの処理を行い、記憶装置や出力装置にデータを渡すという働きを

CPU で行っている。

1 CPU の構成要素

CPU の内部は、制御装置、演算装置、レジスタ、クロックジェネレータで構成されている。

・制御装置と演算装置

制御装置は、記憶装置から取り出したプログラムの命令を解読し、その結果に従って演算装置や入力装置、出力装置などを制御し、命令を実行させて、実行が終わると次の命令を取り出す。一方、演算装置は ALU（Arithmetic and Logic Unit）とも呼ばれ、制御装置からの指示に従い、演算回路で算術演算（四則演算）や論理演算などの計算を行う。

初期のコンピュータの設計では、制御装置と演算装置は独立・分離していたが、現在は両者が統合されて一体的に設計されている。そのため、両者の区別はされなくなり、プロセッサコアなどと呼ばれることが多い。

・レジスタ

CPU 内部の作業用のメモリ（記憶素子）であり、演算装置の処理結果など、さまざまなデータを一時的に記録するための装置である。

・クロックジェネレータ

CPU がクロック信号を生成させるための回路のことである。クロック信号とは、**クロックパルス**あるいは単に**クロック**とも呼ばれ、コンピュータ内の動作のタイミングを合わせるための信号であり、クロック周波数でその大きさを表現する。

2 CPU の性能評価

CUP の性能が高いほど、コンピュータの処理速度が速くなる。CPU の性能を評価する要素には、次のようなものがある。

・コア数

CPU の核となる部分のことで、コアの数が多いほど同時に行える処理の数が増える。

・スレッド数

CPU が実行する処理の単位（プログラム数）を指す名称であり、最大でこの数だけ並行してプログラムを稼働させることができる。CPU が複数のスレッドを同時に実行することができることを**マルチスレッド**という。

・クロック周波数

　CPU の処理速度を示す数値であり、単位は Hz（ヘルツ）で表される。コア数やスレッド数が同じ CPU であれば、クロック周波数は数の数値が大きくなるほど処理速度が速くなる。

・キャッシュ容量

　キャッシュメモリは CPU に内蔵されている高速なメモリであり、CPU 外部から受け取ったデータを一時的に保管しておく場所である。キャッシュメモリの容量が大きいほど処理速度も速くなる。

第 4 節　記憶装置

　データを記録（保持）するための装置であり、レジスタやキャッシュメモリ、主記憶装置の内部記憶装置と、磁気ディスクや光ディスクなどの外部記憶装置に大別される。

【記憶装置の分類】

1　内部記憶装置、半導体メモリ

　内部記憶装置は、主記憶装置やメインメモリとも呼ばれ、プログラムやデータを一時的に蓄えておくための装置であり、**半導体メモリ**を利用して電気的に記録を行っている。

●主記憶装置

　CPU の命令で直接アクセスできる装置のことであり、単にメモリと呼ばれることもある。CPU がダイレクトに読み書きをすることが可能であり、高速に動作するという特徴をもつ。しかし、記憶できる容量当たりの単価も高額となり、半導体メモリ（主に DRAM）を利用しているため、電源を切ると内容が失われる（揮発する）という特徴ももつ。

　そのため、永続的に使用するデータやプログラムは外部記憶装置に保管し、コンピュータの起動時には、主記憶装置に必要なプログラムなどを読み込んで実行するという一連の動作が基本となっている。

●半導体メモリ

　IC メモリとも呼ばれ、半導体の回路を電気的に制御してデータの記憶を行う記憶装置である。半導体メモリには、電源を切ると記憶内容が失われる**揮発性メモリ**（volatile memory）と、記憶内容が失われない**不揮発性メモリ**（non-volatile memory）があり、前者が **RAM** で後者が **ROM** と呼ばれるものである。

● **RAM**（Random Access Memory）

　データの繰り返しの書き込みや書き換えが可能な揮発性のメモリであり、メモリ内のどの場所（アドレス）であっても、データを等しい時間で読み書き（ランダムアクセス）できる特徴をもつ。

　RAM には、**DRAM** と **SRAM** の2種類がある。

　・DRAM（Dynamic RAM）

　　記憶内容を保持するために、数ミリ秒ごとに再書き込み動作（リフレッシュ）が必要となる。そのため、SRAM と比較するとアクセスが低速になる。その一方で、回路が単純であることから、メインメモリとして広く普及している。

　・SRAM（Static RAM）

　　リフレッシュを必要としなくても記憶が保持されるため、アクセスは高速であり、キャッシュメモリに使用されている。

● **ROM**（Read Only Memory）

　主にデータの保存に利用される不揮発性のメモリであり、マスク ROM とプログラマブル ROM（PROM）に大別することができる。**BIOS** やファームウェアなどを記録するために、機器の本体に内蔵されていることが多い。

　・マスク **ROM**

　　読み出し専用のメモリであり、ユーザによる消去・書き込みは不可能で、データの消去も不可能である。

　・PROM（Programmable ROM）

　　PROM には、データの書き換えや消去などにより、次のような種類がある。

【PROM の種類】

種類	概要
OTP ROM (One Time Programmable ROM)	一度だけ書き込むことができるが、消去や上書きなどができない。
EPROM (Erasable Programmable ROM)	紫外線を照射することによりデータを消去して、書き換えることができる。
EEPROM (Electrically EPROM)	電気的にデータを消去して、書き換えることができる。
フラッシュメモリ (フラッシュ EEPROM)	EEPROM の一種であり、EEPROM を更に発展させたもので、ブロック単位でデータを消去して、書き換えることができる。

Column BIOS（Basic Input/Output System）

コンピュータなどの主基板（マザーボード）などに格納されたファームウェアの一種であり、起動時の OS の読み込みや、接続された装置・機器に対する基本的な入出力制御などを行うものである。

コンピュータの起動時に実行され、キーボードやハードディスクなどの周辺装置を初期化して利用可能な状態に準備し、プログラムどおりに自動的に設定を行う。

2　外部記憶装置

外部記憶装置は、補助記憶装置やストレージなどとも呼ばれ、データなどを永続的に記憶するための装置であり、磁気ディスクや磁気テープ、フラッシュメモリなどが該当する。

なお、記憶装置において、媒体上の連続した領域で順番に読み書きすることを**シーケンシャルアクセス**といい、媒体上の不連続な領域に、任意にアクセスすることを**ランダムアクセス**という。

●磁気ディスク装置

HDD（Hard Disk Drive）とも呼ばれ、ほとんどのコンピュータに搭載されている代表的な外部記憶装置であり、ランダムアクセスが可能である。

IV
コンピュータの一般知識

【磁気ディスク装置の構造】

・物理的構造

　　磁性体を塗布したアルミニウムなどを原料とする金属性のディスク（円盤型）を、モーターで高速に回転させ、磁気ヘッドでデータを読み書きする仕組みである。複数のディスクを同軸に配置し、各ディスクには1個の磁気ヘッドがあり、半径方向に移動する。ディスクの任意の場所に磁気ヘッドを移動し、ディスク表面の磁気記録層に対して磁気データを読み書きする。

・論理的構造

　　データの読み書きは、ディスク上に仮想的な円同心円の領域を作ることにより行う。この同心円を**トラック**と呼ぶ。また、トラックは、半径方向に扇型の領域に分割されている。これを**セクタ**と呼び、記憶領域の最小単位となる。さらに、ディスクの各面にトラックが存在するため、立体的にみると仮想的な円柱が構成される。これを**プラッタ**と呼ぶ。

●磁気テープ

　　磁性体を塗布した薄いテープ状のプラスチックフィルムを回転軸に巻き付け、専用のカートリッジに収めたもので、シーケンシャルに読み書きを行う。長い磁気テープが磁気ヘッドを通過する際に磁気を変化させてデータを記録し、再生する際は磁気テープの磁気の変化を読み取っていく。

　　磁気テープは、シーケンシャルな読み書きのため、アクセスには時間がかかるが、容量あたりの単価が安い。このような特徴から、データのバックアップやアーカイブ（長期保管用）などの媒体として利用されている。

　　以前は、DLT（Digital Linear Tape）やDDS（Digital Data Storage）など

の装置が利用されていたが、現在では LTO（Linear Tape-Open）が主流となり、最新 LTO-8は12TB（圧縮時32TB）まで大容量化が図られている。

● 光ディスク

　光学ディスク（Optical Disk）や光学ストレージなどとも呼ばれ、データの読み書きにレーザ光を利用する記憶媒体のことである。代表的なものとして、CD や DVD、Blu-ray Disc などがある。

・CD（Compact Disc）

　　薄い樹脂製のディスクの表面に、ピットと呼ばれる小さな凹凸が刻み込まれており、レーザ光を照射したときの凹凸による反射率の違いを利用して、データの読み書きを行う仕組みである。

　　読み取り専用の CD-ROM、追記型の CD-R（消去・上書きできない）、書き換え型の CD-RW などの種類がある。記憶容量は、データ650MB、または音声74分を記録できる製品と、700MB または80分の製品、800MB または90分の製品がある。

・DVD（Digital Video Disc または Digital Versatile Disc）

　　CD の記録密度を高めた媒体であり、CD よりも大容量である。映像を記録するものを DVD-Video、音楽を記録するものを DVD-Audio と呼び、両面記録、2 層記録に対応している。

　　映像ソフトの販売などに用いられる読取り専用の DVD-ROM の他に、追記型の DVD-R、書き換え型の DVD-RW や DVD-RAM があり、業界団体が独自に規格を定めた DVD＋R、DVD＋RW もある。記憶容量は、片面1層が4.7GB、片面2層が8.45GB、両面1層が9.4GB、両面2層が17.08GB である。

・BD（Blu-ray Disc）

　　CD や DVD と同じ薄い樹脂製のディスクの表面に、青色レーザを照射してデータの読み書きを行う仕組みであり、DVD よりも大容量の媒体である。映像コンテンツの配布・録画媒体、デジタルデータを保存する媒体として、DVD に代わり普及しつつある。

　　読取り専用の BD-ROM、追記型の BD-R、書き換え型の BD-RE などの種類がある。記憶容量は、1 層が25GB、2 層が50GB、3 層が100GB、4 層が128GB である。

● フラッシュメモリ

　半導体素子の不揮発性メモリを利用した記憶装置であり、EEROM に由来す

るため、フラッシュ ROM とも呼ばれる。磁気ディスクや光ディスクなどと比較すると、半導体素子に電気的にアクセスするため、データの読み書きが高速に行え、装置に可動部がないため動作音もなく、衝撃や振動にも強いという特徴をもつ。ただし、素子の構造上劣化の進みが速いというデメリットもある。

　フラッシュメモリの代表的なものとして、スマートフォンなどの携帯端末に内蔵されているメモリカードや、USB メモリなどがある。

　また、最近では、SSD の普及が急速に広まっている。SSD（Solid State Drive）とは、数十 GB の大容量のフラッシュメモリを利用した記憶装置であり、ハードディスクドライブと同じようにコンピュータに接続し、データなどの永続的な保存に用いられている。

第4章 コンピュータシステムに関する知識

　ITシステムとも呼ばれ、コンピュータとその周辺機器、通信回線やネットワークなどを組み合わせて、情報の処理や記録、伝達などをする仕組みであり、単にシステムと呼ばれることもある。

　コンピュータシステムにはさまざまな種類があり、システムの処理形態やシステムの構成によって分類することができる。

第1節　システムの処理形態

　コンピュータシステムは、処理形態によって、集中型と分散型に大別され、さらに、分散型は垂直／水平に分類される。

　以前は、コンピュータが高価であったため、集中型システムが一般的であった。近年は、価格が抑えられ、高性能のコンピュータが導入しやすくなったため、分散型システムが主流となっている。なお、現在は、クラウドサービスやIoTなどの普及により、処理形態は変化し、サービスの提供も多様化している。

1　集中型システム

　1台の大型コンピュータに複数の端末を接続し、端末から送られてくるすべての命令を、その大型コンピュータが1台で処理する形態である。この大型コンピュータを、**ホストコンピュータ**、あるいは単にホストという。

　この処理形態のメリットとして、管理やセキュリティ対策が容易となり、信頼性も高まることが挙げられる。その一方で、ホストに障害が発生するとすべての処理が停止してしまうこととなる。

2　分散型システム

　ネットワークに接続した複数のコンピュータが、処理を分散して行う形態であり、分散や処理の形態によっていくつかに分類される。

　この処理形態のメリットとして、処理が高速となり、耐障害性や拡張性が高まることが挙げられる。その一方で、管理やセキュリティ対策が複雑化することとなる。

IV

コンピュータの一般知識

215

●分散型システムの種類

分散型システムは、次のように分類される。

・**垂直分散システム**

システムを構成するコンピュータの処理能力によって、役割が異なる処理を実行する形式である。大型コンピュータから中型・小型のコンピュータの順に分散していく階層構造を形成することが多い。

・**水平分散システム**

システムを構成するコンピュータが、同等の権限で、同じ処理を実行する形式である。垂直分散システムとは異なり、階層構造はない。

また、水平分散システムは、負荷分散／機能分散に分類される。

水平負荷分散システムは、機能的には同じ処理を複数のコンピュータで分散し、1台あたりの負荷を軽減する形式である。一方、**水平機能分散システム**は、異なる機能を複数のシステムに分散する形式であり、用途ごとに異なるコンピュータを用意するシステムなどがこれに該当する。

●クライアントサーバシステム

分散型システムの代表的なものが、**クライアントサーバシステム**であり、CSS（Client Server System）と略記されることもある。

クライアントサーバシステムは、機能や情報を提供する**サーバ**と、ユーザが操作する**クライアント**で構成され、クライアントが要求した処理をサーバが実行し、その結果をクライアントに送る仕組みである。

クライアントサーバシステムのメリットとして、システムに変更を加える場合、クライアントかサーバのいずれか一方を変更すればよく、もう一方への影響も与えないことが挙げられる。一方で、管理の対象となるコンピュータの台数が増え、運用管理が複雑になり、セキュリティ対策に手間やコストがかかるというデメリットもある。

Column 主なサーバとその機能

主なサーバとその機能として、次のようなものがある。

・**ファイルサーバ**
ユーザ間でのファイル共有や、読込み・書込みが可能な記憶装置の提供
・**Web サーバ**
Web ページを表示するためのファイルの格納、提供
・**メールサーバ**
電子メールの送受信、転送
・**データベースサーバ**

アプリケーションに必要なデータの格納や、データの作成・読込み・更新・削除の機能の提供
- ・プリントサーバ
  複数のクライアントからの要求の制御・コントロール、印刷作業の管理
- ・FTP サーバ
  ファイルの送受信（転送）

3　シンクライアント

　シンクライアント（thin client）は、コンピュータシステムにおいて、ユーザが操作するクライアント端末（コンピュータ）に、最低限の機能だけを搭載し、サーバが集中的にソフトウェアやデータなどを管理する仕組みであり、その目的で利用する専用のコンピュータを指す場合もある。

　シンクライアントでは、クライアント端末にデータを保存せず、サーバで処理した結果のみを端末に表示するため、情報漏えいの対策の一環として導入する企業も多く、テレワークに適していることもあり、その需要は増加している。

　さらに、シンクライアントを導入することにより、クライアント端末の管理が一元化され、運用コストを低減することができ、情報漏えいだけではなく、マルウェア感染も防ぐことができるようになるというメリットもある。

　一方で、運用コストは低減できるが、導入コストが高額になる場合もあり、サーバで集中処理をする仕組みであるため、サーバに負荷がかかるというデメリットもある。

　なお、一般的なシンクライアントの端末は、CPU や小容量の記憶装置、機能が制限された OS で構成される場合が多い。このようなシンクライアントに対し、処理機能や保存機能を一切持たず、表示・操作・通信の機能のみを搭載したものを**ゼロクライアント**と呼ぶ。また、従来の利用形態のパソコン（データの保存が可能で、アプリケーションソフトが搭載されている）などをシンクライアントと対比させ、**ファットクライアント**と呼ぶこともある。

第2節　クラウド

　クラウドは、概念であり、場面によっては、**クラウドコンピューティング**そのものを指す場合もあり、クラウドコンピューティングによって提供されるクラウドサービスを指す場合もある。ユーザから見えないところにあるというイメージから、クラウド（cloud ＝雲）と呼ばれている。

　クラウドコンピューティングは、共用のサーバやアプリケーション、ソフトウェアなどに、どこからでも、必要に応じて、ネットワーク経由でアクセスがで

IV

コンピュータの一般知識

217

きることを指し、クラウドサービスは、データやソフトウェアを、ネットワーク
経由で、サービスとしてユーザに提供することである。

　クラウドは、利用形態とサービスの提供形態によって、それぞれ分類すること
ができる。

1　クラウドの利用形態

　クラウドを、企業や組織などで利用する際の形態は、プライベートクラウドと
パブリッククラウドに大別される。また、プライベートクラウドとパブリックを
組み合わせたハイブリッドクラウドや、複数のパブリッククラウドを組み合わせ
たマルチクラウドといった利用形態も存在する。

●プライベートクラウド

　特定の企業・組織専用に提供され、特定の企業や組織だけで利用する形態で
あり、インターネットなどの公衆回線から切り離された、クローズした環境で
運用する。

●パブリッククラウド

　広く一般向けに提供され、他の企業や組織と共有利用する形態であり、イン
ターネットを通じてオープンにアクセスできるようになっている。個人での利
用、または企業単位での利用を問わず、サーバやネットワーク、データ、アプ
リケーションなどのリソースを利用できる。具体的なサービスとして、
Amazon Web Services（AWS）や Microsoft Azure などが挙げられる。

　パブリッククラウドは、プライベートクラウドと比較すると、導入コストや
運用コストを抑えることができ、従量制のサービスの場合は、必要な時に必要
な分だけ利用できるというメリットがある。その一方で、障害発生時には自社
で対応できず、既存のサービスと互換性がない場合がある。

2 クラウドサービスの提供形態

クラウド事業者が何を提供するかによって、IaaS や PaaS、SaaS などの種類がある。

【クラウドサービスの提供形態】

管理の対象	IaaS	PaaS	SaaS
OS	ユーザが管理	事業者が管理	事業者が管理
ミドルウェア	ユーザが管理	事業者が管理	事業者が管理
アプリケーション	ユーザが管理	ユーザが管理	事業者が管理
ハードウェア	事業者が管理	事業者が管理	事業者が管理

● IaaS（Infrastructure as a Service：イアース、アイアース）

サーバやストレージ、ネットワークなどの、構築に必要な基本的な機器や、それらを利用するための機能をサービスとして提供される。ユーザは、それらの機器などを利用して、OS や任意の機能（情報セキュリティ機能や DBMS など）を構築することができる。

● PaaS（Platform as a Service：パース）

IaaS のサービスに加え、OS や開発環境・運用管理環境などのミドルウェアもサービスとして提供される。ユーザは、任意のアプリケーションなどを組み合わせて、クラウド上で情報システムを構築する。ユーザは、ソフトウェアの買い替えやバージョンアップなどの必要がないため、情報システムの構築・運用に関するコストや手間を少なくすることができる。

● SaaS（Software as a Service：サース、サーズ）

特定の業務アプリケーション（メール、営業管理システム、会計システム、セキュリティツールなど）がサービスや特定の機能として提供される。ユーザは、アプリケーションの設定や利用ができるが、アプリケーションのカスタマイズはできないことが多い。具体的なサービスとして、Google マップや Gmail、Yahoo！メール、Microsoft 365、Zoom、Slack などが該当する。

● DaaS（Desktop-as-a-Service：ダース）

デスクトップ環境が DaaS 上に構築され、ネットワークを通じてそのデスクトップを呼び出して利用できるサービスとして提供される。いわゆる仮想デスクトップ環境を提供するものであり、特定のソフトウェアを端末にインストールすることなく、ネットワークを通じて利用できる。そのため、DaaS を導入することにより、高性能の端末の購入や、サーバの保有・管理をする必要がなくなる。

第3節　システムの信頼性の向上

　コンピュータシステムは、システムの構成によっていくつかの種類があり、障害対策のためのシステム構成の代表的なものとして、**システムの二重化**がある。これによって、システムの信頼性を高めることができ、システムの信頼性は、RASIS によって評価することができる。

1　システムの二重化

　システムの二重化は冗長化ともいい、コンピュータシステムを構成する機材やソフトウェアなどの信頼性や耐障害性を高める手法の一つであり、同じ構成の機材などを2系統用意することである。二重化の代表的な方式として、**デュアルシステムとデュプレックスシステム**がある。

●デュアルシステム

　システムを構成する機材やソフトウェアなどを2系統用意し、両方を稼働させる方式であり、**アクティブ／アクティブ構成**などとも呼ばれる。1系統が故障した場合はもう一方で処理を行うため、障害が発生しても影響を抑えることができる。

●デュプレックスシステム

　システムを構成する機材やソフトウェアなどを、現用系と待機系の2系統用意し、通常は現用系のみを稼働させ、障害発生時には待機系に切り替えて処理を継続する方式である。**アクティブ／スタンバイ構成**などとも呼ばれる。

　デュプレックスシステムでは、待機方式によって、**ホットスタンバイ・ウォームスタンバイ・コールドスタンバイ**に分類される。

【デュプレックスシステムの待機方式】

方式	概要
ホットスタンバイ	待機系を常に稼働（サーバの電源がオン）の状態にして、現用系と同期を取り、障害発生時には現用系から即座に引き継ぐ方式である。
ウォームスタンバイ	待機系を常に起動（サーバの電源がオン）の状態にしておくが、現用系とは同期を取らず、障害発生時にシステムを稼働状態に移行し、切り替えを行う方式である。
コールドスタンバイ	待機系の機材などは用意しておくが、通常は停止（サーバの電源がオフ）の状態であり、障害発生時にシステムの起動や設定などを行う方式である。

2 RASIS

RASIS とは、コンピュータシステムに関する信頼性の評価指標の一つであり、Reliability（信頼性）、Availability（可用性）、Serviceability（保守性）、Integrity（保全性・完全性）、Security（機密性）の5項目を頭文字で表したものである。

なお、RASIS の中でも、Reliability、Availability、Serviceability の3項目が重視され、RAS として性能指標に用いられることも多い。

● RASIS の構成要素

RASIS を構成する5項目の内容は、次のとおりである。

・Reliability

　狭義の**信頼性**であり、障害や不具合によるシステムの停止や性能低下の発生しにくさなどを表す。定量的な評価として、稼働時間当たりの障害発生回数を、**MTBF**（Mean Time Between Failures：平均故障間隔）などの指標で表す。

・Availability

　可用性であり、高い稼働率を維持できることや、障害や保守による停止時間の短さを表す。定量的な評価として、稼働が期待される時間に対する実際の稼働時間の割合を、**稼働率**などの指標で表す場合が多い。

・Serviceability

　保守性であり、障害が発生した場合に迅速に復旧できることや、故障が発生した際のメンテナンスのしやすさなどを表し、**運用性**と訳される場合もある。定量的な評価として、障害発生から復旧までの平均時間を、**MTTR**（Mean Time To Repair：平均修理時間）などの指標で表す。

・Integrity

　保全性または**完全性**であり、データが矛盾を起こさずに一貫性を保っていることや、誤操作などによるデータの破壊・消失・不整合などの起こりにくさなどを表す。

・Security

　安全性であり、機密性が高く、不正な遠隔操作や不正アクセス、データやプログラムの改ざん、機密データの漏えいなどの起こりにくさを表す。

● 稼働率の求め方

システムの稼働率は、平均故障間隔である MTBF と、平均修理時間である MTTR を使って求め、稼働率が高いほどシステムの故障にかかる時間が少ないこととなる。

MTBFは、システムが故障しないで連続して動作する時間の平均であるため、MTBFが長いほど信頼性が高いとみなされる。なお、稼働率を向上させるには、MTBFを長く、MTTRを短くする必要がある。

稼働率は、次の計算式によって算出する。

MTBF：平均故障間隔
MTTR：平均修理時間

稼 働 率 ＝ MTBF ÷ (MTBF ＋ MTTR)

Column　ネットワークストレージ

外部記憶装置（ストレージ）を、ネットワークを経由してコンピュータに接続したものである。広義には、**NAS**（Network Attached Storage）と**SAN**（Storage Area Network）の総称とする場合があるが、狭義にはNASを指す場合が多い。

NASは、企業のLANでのファイル共有や、家庭内LANの動画等の保存などに利用されている。特徴として、既存のLAN環境に容易に接続できることや、WindowsやUNIXなどのOSに対応しているため、異なるOS間でのファイルの共有が可能であること、ハードディスクの増設が容易に行えることなどが挙げられる。

SANは、複数のコンピュータの外部装置を結ぶ高速ネットワークのことである。

第5章 通信・ネットワークに関する知識

　情報セキュリティ対策を行うためには、ネットワークに関する知識が必須であり、ネットワークに関する規約や接続方法、ネットワーク機器などの理解が必要となる。

第1節　通信プロトコル

　通信プロトコルは、単にプロトコルとも呼ばれ、ネットワーク上でデータを通信するための手順や規約のことであり、コンピュータ同士が接続する方法や、どのような信号を送るかなどの通信を行う際の取り決めのことである。なお、通信を行う際は、送信側と受信側で同じプロトコルを利用する必要がある。

1　代表的なプロトコル

　Ⅲ-9-1では、セキュアプロトコルについての説明をしたが、ここではインターネットなどのネットワークで利用されているプロトコルを取り上げる。

　代表的なプロトコルには、次のようなものがある。

● **TCP/IP**（Transmission Control Protocol/Internet Protocol）

　インターネットで最も利用されている、世界共通のプロトコル群であり、パケットの単位を定義する IP と、その通信方法を規定する TCP から構成されている。

　また、IP は、複数のネットワークを相互接続するための基本的なプロトコルであり、これを用いて世界的に様々な組織が管理するネットワークを相互に接続したオープンなネットワークが、「インターネット」（Internet）である。

　TCP/IP に含まれるプロトコルは多数存在するため、対象となる機能によってプロトコルを4つの階層に分割して定義している（Ⅳ-5-2　参照）。

● Web・メールのプロトコル

　・**HTTP**（HyperText Transfer Protocol）

　　Web サーバと Web ブラウザ（クライアント）の間で、データをやり取りするためのプロトコルである。

　　HTTP では、インターネット上でデータを閲覧する場合、クライアント

は閲覧したいデータのある場所を「http://」から始まる URL で指定してリクエスト（要求）を送信する。それに対し、該当する Web サーバは応答し、サーバ内にあるデータをクライアントへ転送する取決め（規約）になっている。

・POP3（Post Office Protocol version 3）

　メール受信のためのプロトコルであり、受信側のクライアントがメールをサーバからダウンロードして読むときに用いるものである。

　POP3 では、受信側のクライアントが、自分宛ての電子メールを保管しているメールサーバにアクセスし、新しいメールが届いているか調べる手順や、メールソフトに受信する通信手順やデータ形式などを取り決めている。

・IMAP（Internet Message Access Protocol）

　メールを受信するためのプロトコルであり、POP3とは異なり、メールサーバ上にメールを保存したまま管理する。

　IMAP では、操作や管理もメールサーバ上で行うため、1 つのメールアドレスで複数のパソコンやスマートフォンなどからメールを利用する環境や、モバイル環境でのメールの利用に向いている。

・SMTP（Simple Mail Transfer Protocol）

　メールを送信・転送するためのプロトコルであり、IETF（Internet Engineering Task Force：インターネット技術の標準化を行う国際的な任意団体）によって標準化されている。

　SMTP は、クライアントがメールをサーバに送信する際や、メールサーバ間で電子メールが転送される際に利用され、POP3 とともに多くのメールソフトで採用されている。

●その他のプロトコル

・FTP（File Transfer Protocol）

　ファイルを転送するためのプロトコルであり、IETF によって標準化されている。

　FTP は、FTP サーバとクライアント間でのファイルの送受信に使われ、その際には専用の FTP ソフトやブラウザなどが利用される。Web ブラウザを利用したファイル転送は HTTP が標準的なプロトコルであるが、ブラウザを利用しない場合は、ファイル転送には FTP が多く用いられる。

・DHCP（Dynamic Host Configuration Protocol）

　コンピュータなどの起動時に、IP アドレス（Ⅳ-5-3参照）を自動で割り当てるためのプロトコルである。

パソコンやスマートフォンなどの通信端末をネットワークに接続した際、IPアドレスが自動で設定されるが、これはDHCPクライアントがIPアドレスをリクエストし、DHCPサーバがそれを受け、通信端末に割り当てたIPアドレスを送り返す仕組みになっているからである。

・**NTP**（Network Time Protocol）

インターネットを介して、コンピュータの内部時計を正しく調整し、NTPサーバとクライアントの時刻を同期させるためのプロトコルである。

・**SNMP**（Simple Network Management Protocol）

ネットワークに接続されたコンピュータやスマートフォンなどの通信端末や、ネットワーク機器などを監視・制御するためのプロトコルであり、IETFによって標準化されている。現在は、企業向けのネットワーク機器や管理ソフトの多くが、SNMPに対応している。

第2節　OSI基本参照モデルとTCP/IP階層モデル

通信プロトコルには、非常に多くの種類が存在し、また階層構造があるため、通信機能をグループ化して階層化し、それを**ネットワークアーキテクチャ**（ネットワーク構造の設計方針）としてまとめられている。

1　OSI基本参照モデル

ネットワークの設計方針であるOSI（Open Systems Interconnection）に基づき、通信機能を7階層（レイヤー）に分類して整理したものが、**OSI基本参照モデル**（OSI reference model）である。

【OSI基本参照モデル】

レイヤー	
第7層	アプリケーション層（応用層）
第6層	プレゼンテーション層
第5層	セッション層
第4層	トランスポート層
第3層	ネットワーク層
第2層	データリンク層
第1層	物理層

OSI 基本参照モデルのそれぞれの階層での役割は、次のとおりである。

・**第7層　アプリケーション層（応用層）**

　　システム・サービスが提供する具体的な機能の仕様を定義している層であり、通信で使用するアプリケーションや下位の層へのデータのやりとりを規定する。

・**第6層　プレゼンテーション層**

　　データのファイル形式や暗号化方式、圧縮方式、文字コードなどの表現形式を定義している層である。

・**第5層　セッション層**

　　対話的な処理のまとまりを**セッション**として管理し、ユーザの認証や、ログイン／ログアウトなどを制御する層であり、全二重通信または半二重通信の決定を行う。

・**第4層　トランスポート層**

　　データの送信元と送信先の間での制御や通知、交渉などを担う層であり、データ圧縮や誤り訂正、再送制御などの通信方法を規定する。

・**第3層　ネットワーク層**

　　複数のネットワークを1つのネットワークとして相互に通信可能な状態にし、通信経路の選択・決定などを管理する層である。

・**第2層　データリンク層**

　　ネットワーク上の2つのコンピュータ間での通信経路の選択や中継作業を規定する層であり、伝送経路での誤り検知・訂正などの仕様が含まれる。

・**第1層　物理層**

　　物理的な条件や電気的な条件を規定している層であり、コネクタの形状やケーブルの特性、電気信号・光信号・無線電波の形式などの仕様が含まれる。

2 TCP/IP 階層モデル

TCP/IP プロトコル群は OSI 参照モデルを参照せず、シンプルな独自の 4 階層のモデルを用いて、実装面では、OSI 基本参照モデルよりも効率的で現実的な仕様となっている。

【OSI 基本参照モデルと TCP/IP 階層モデルの対比】

OSI 基本参照モデル		TCP/IP 階層モデル	
第 7 層	アプリケーション層	第 4 層	アプリケーション層
第 6 層	プレゼンテーション層		
第 5 層	セッション層		
第 4 層	トランスポート層	第 3 層	トランスポート層
第 3 層	ネットワーク層	第 2 層	インターネット層
第 2 層	データリンク層	第 1 層	ネットワークインタフェース層
第 1 層	物理層		

TCP/IP 階層モデルのそれぞれの階層とプロトコルは、次のように定義されている。

・第 4 層　アプリケーション層

OSI 基本参照モデルのセッション層・プレゼンテーション層・アプリケーション層に相当し、この層に属している主なプロトコルとして、HTTP、SMTP、POP3、IMAP、DNS、FTP、DHCP、NTP などがある。

・第 3 層　トランスポート層

OSI 基本参照モデルのトランスポート層とほぼ同義であり、ポート番号は、この層で付与される。この層に属しているプロトコルは、TCP と UDP（User Datagram Protocol）である。

・第 2 層　インターネット層

OSI 基本参照モデルのネットワーク層に相当し、この層に属しているプロトコルの中心は IP であり、ルーティング（経路選択）に関するプロトコルも含んでいる。

・第 1 層　ネットワークインタフェース層

OSI 基本参照モデルの物理層・データリンク層に相当し、WAN で使用される PPP（Point-to-Point Protocol）や、有線 LAN の標準規格のイーサネット（Ethernet）、無線 LAN の標準規格 Wi-Fi を管理する。

第3節　IPアドレス

　IPアドレスとは、インターネットなどのTCP/IPネットワークに接続された
コンピュータやネットワーク機器に対し、1台ごとに割り当てられた個別の識別
番号のことである。ICANN（The Internet Corporation for Assigned Names
and Numbers）によって世界的に管理されており、重複がない。

　IPアドレスは、IPv4の場合、32ビットの2進数で表される。これをわかりや
すくするために、32ビットの値を8ビットずつ4つに区切り、例えば、
「192.168.100.200」のように3桁の数字（10進数）を「.」で区切って表す。

1　アドレス変換

　インターネット上で使用するアドレスを**グローバルIPアドレス**と呼び、特定
の組織内ネットワークのみで仕様するアドレスを**プライベートIPアドレス**、あ
るいは**ローカルIPアドレス**と呼ぶ。

　企業や家庭内などの限定されたネットワーク（内部ネットワーク）では、プラ
イベートIPアドレスがコンピュータやネットワーク機器などに割り当てられ、
相互に通信を行い、インターネットなどの外部ネットワークと接続する際には、
グローバルIPアドレスを使用する。

　グローバルIPアドレスとプライベートIPアドレスを変換するには、次の技術
を利用する。

- **NAT**（Network Address Translation）

　ネットワークアドレス変換技術のことであり、内部ネットワークから外部
ネットワークにアクセスする際に、プライベートIPアドレスをグローバル
アドレスに変換し、内部のプライベートIPアドレスとグローバルアドレス
を、1対1に対応させる。

- **NAPT**（Network Address Port Translation）

　ネットワークアドレス・ポート変換技術であり、プライベートIPアドレ
スをグローバルIPアドレスに変換することに加え、ポート番号も変換する
ことにより、1つのグローバルアドレスに対し、複数のプライベートアドレ
スを割り当てる。NAPTは、IPマスカレードとも呼ばれる。

2　IPアドレスとドメイン名

　IPアドレスは、DNS（Domain Name System）によって**ドメイン名**との対応
関係が管理されている。

　IPアドレスは、数字の羅列であるため、人間には覚えたり書き表したりする
ことが難しい。そこで、「https：//www.joho-gakushu.or.jp」のように、アル

ファベットなどを組み合わせ、IP アドレスを人間にわかりやすい識別名にしたものがドメイン名である。

DNS は、ドメイン名と IP アドレスの対応付けを行って、管理情報などを記録し、一定の通信手順に基づいて参照できるようにした、大規模な分散型データベースシステムである。

3 IPv4、IPv6

現在普及している IP アドレスは、IPv4（version 4）である。IPv4では、IP アドレスが32ビットの値であるため、2の32乗＝42億9496万7296個のアドレスしか使用することができず、インターネットの爆発的な普及により、IPv4は枯渇しかかっている。

その問題を解決するために、IPv6（version 6）が開発された。IPv6では、IP アドレスが128ビットの値であるため、2の128乗＝約3.40×10^{38}となり、充分なアドレス空間が使用できるようになった。

ただし、IPv4と IPv6のアドレス形式には互換性がなく、IPv4で設定されたネットワーク機器と IPv6で設定されたネットワーク機器は、そのままでは相互に通信することができないため、注意が必要である。

第4節　LAN

LAN（Local Area Network：ローカルエリアネットワーク）は構内通信網とも呼ばれ、同じ敷地内や建物、フロアなど、比較的狭い限定された領域内において構築される、データ通信網のことである。物理的な分類として、無線 LAN と有線 LAN がある。

有線 LAN の通信方式として、Ethernet（IEEE 802.3）系の規格群、無線 LAN の通信方式として、Wi-Fi（IEEE 802.11）系の規格群が、それぞれ標準として普及している。

なお、LAN に対し、通信事業者の回線網などを通じて、地理的に離れた拠点を広域的に結ぶネットワークを WAN（Wide Area Network：ワイドエリアネットワーク）といい、WAN は広域通信網とも呼ばれる。また、個人が所有・利用するコンピュータや携帯端末、ネットワーク機器などを、無線通信などで相互に結ぶネットワークを PAN（Personal Area Network：パーソナルエリアネットワーク）という。

1 LAN の形態

有線 LAN の配線形態や無線 LAN の通信形態は、用途や接続する機器などに

よって分類される。

●有線LANのトポロジー

有線LANの配線形態をトポロジーといい、代表的なものとして、スター型、リング型、バス型がある。

スター型は、1台の装置（ハブ）にすべてのパソコンなどの通信端末が接続される形態であり、**リング型**は各端末が環状に接続される形態、**バス型**は、両端に終端抵抗装置（ターミネータ）を接続した1本の基幹回線にすべての端末が接続される形状である。

また、スター型をバス型に統合した**ツリー型**トポロジーや、WAN環境で使用される**メッシュ型**トポロジーなどもある。

【有線LANのトポロジー】

ネットワーク・トポロジー

●無線LANの通信形態

無線LANには、**インフラストラクチャーモード**と**アドホックモード**の2つの通信形態（動作モード）がある。

・**インフラストラクチャーモード**

ネットワークを制御するアクセスポイント（ルータなど）と呼ばれる機器を設置して、パソコンやスマートフォンなどの通信端末を接続する形態であ

る。インフラストラクチャーモードは、複数の端末と通信が可能であり、アドホックモードと比較すると高速でファイル共有ができる。

・アドホックモード

　　アクセスポイントを経由せず、通信端末同士が直接送受信して相互にデータの送信を行う形態であり、携帯ゲーム機同士を接続する際などに用いられ、インディペンデントモードとも呼ばれる。アドホックモードは、設定が簡単であるため手軽に利用できるが、セキュリティ対策の役割を担うアクセスポイントを経由しないため、通信の安全性を確保することが難しい。

2　LAN のアクセス制御方式

　LAN 上の複数のコンピュータがそれぞれ勝手に送信を行うと、伝送路上でデータの衝突が発生してしまうため、送信を制御する方式が必要になる。

　LAN のアクセス制御の方式には、次のようなものがある。

● **CSMA/CD**（Carrier Sense Multiple Access with Collision Detection）

　　搬送波感知多重アクセス／衝突検出とも呼ばれる、有線 LAN のアクセス制御方式の一つである。

　　データを送信したいコンピュータやネットワーク機器などの通信端末は、伝送路上にデータがないことを確認したうえでデータを送信する。他の端末が複数同時にデータ送信を行うと、伝送路上でデータ同士の衝突（Collision：コリジョン）が発生する可能性がある。そのため、他の端末が同時に送信を開始したことを検知した場合は、一定時間待ってから再送する。

● **CSMA/CA**（Carrier Sense Multiple Access with Collision Avoidance）

　　搬送波感知多重アクセス／衝突回避とも呼ばれる、無線 LAN のアクセス制御方式である。

　　無線 LAN では、通信媒体に電波を使うため、有線 LAN における CSMA/CD のようにデータの衝突が検知できない。そのため、衝突を検出するのではなく、なるべく衝突しないように回避する仕組みである。CSMA/CA では、各端末が共有の周波数帯を継続的に監視し、一定時間以上継続して空いていることを確認したうえでデータを送信する。

● **トークンパッシング方式**

　　有線 LAN のアクセス制御方式の一つであり、データの送信権を表す**トークン**（token）と呼ばれる特殊なデータを、伝送路上に常時周回させる方式である。

　　データを送信したい端末は、伝送路上を流れているトークンを取り込み、そ

IV
コンピュータの一般知識

の代わりにデータを送信する。送信が終了した端末は、トークンを伝送路上に戻し、それにより他の端末が送信できるようになる。

リング型のトポロジーで使用する場合は、**トークンリング**、バス型のトポロジーで使用する場合は、**トークンバス**という。

3　LAN 間接続装置

異なる LAN を接続するためには、用途や目的に応じた装置が必要となる。LAN 間接続装置として、次のようなものがある。

【LAN 間接続装置が対応する OSI 基本参照モデル・TCP/IP 階層モデル】

LAN 間接続装置	OSI 基本参照モデル	TCP/IP 階層モデル
ゲートウェイ	アプリケーション層	アプリケーション層
	プレゼンテーション層	
	セッション層	
	トランスポート層	トランスポート層
ルータ	ネットワーク層	インターネット層
ブリッジ、スイッチングハブ	データリンク層	ネットワークインタフェース層
リピータ	物理層	

- **ゲートウェイ**

　トランスポート層以上で LAN を接続するための装置であり、異なるプロトコル間でのデータ形式や制御データの相互変換、アプリケーションレベルの個別の制御情報を読み取り、通信の通過の可否を判断することなどを行う。プロキシサーバやファイアウォールなどもこれに分類される。

- **ルータ**

　ネットワーク層で LAN を接続するための装置であり、IP などの制御情報を認識し、最適な経路への転送など、装置間での経路情報交換なども行う。

- **ブリッジ／スイッチングハブ**

　データリンク層で LAN を接続するための装置であり、ブリッジはデータリンク層の情報（MAC アドレス）に基づき、必要な相手や回線を選んでパケットを振り分ける。スイッチングハブは、リピータハブとは異なり、宛先の MAC アドレスが該当するケーブルのみ、通信を転送する。

- **リピータ**

　物理層で LAN を接続するための装置であり、減衰した信号を増幅して、

ケーブルの使用可能範囲を延長する。リピータの機能で、複数の回線に中継するリピータハブが一般的である。

Column 通信ケーブル

・光ファイバーケーブル
　　データを光信号に変換して伝送するケーブルであり、光ケーブルとも呼ばれる。電磁的なノイズの影響を受けず、高速な通信が可能で、長距離でも安定的にデータを伝送することができる。

・同軸ケーブル
　　中心にデータ伝送用の1本の銅の芯線があり、それを絶縁体で包み、さらにそれをシールド層で包み、最後に外側をビニールなどで覆った構造であり、ネットワークケーブルや、テレビアンテナと受信機を接続するケーブルなどで使われている。

・ツイストペアケーブル
　　絶縁物で被覆した銅線2本をより合わせたネットワークケーブルであり、環境ノイズなどによる信号への影響を抑えることができる。その種類として、シールドを施したSTPケーブルと、シールドを施していないUTPケーブルとがある。

第5節　通信技術、通信サービスなど

1　近距離（短距離）無線通信

　無線通信のうち、通信距離が数十メートル内のものを、一般的に近距離無線通信と呼ぶ。近距離通信は、インターネットなどのネットワークへの接続や、コンピュータやネットワーク機器などの通信端末同士でデータの交換ができる通信技術である。

　近距離無線通信にはさまざまな規格があり、その代表的なものとして、Wi-FiやBluetooth、NFCなどが挙げられる。

● Wi-Fi

　無線LANの標準規格であるIEEE 802.11a/bの認知度を高めるため、ワイヤレス機器及びソフトウェアを製造するメーカーの団体、WECA（Wireless Ethernet Compatibility Alliance：ワイヤレス・イーサネット互換性連合）が名づけた呼称であり、業界団体であるWi-Fi Allianceによって、無線LAN製品の互換性が認定されたことを示す統一ブランド名である。無線LAN機器の多くに「Wi-Fi」のロゴが表示されているため、「Wi-Fi」＝「無線LAN」として使われることが多い。

　IEEE802.11ax（Wi-Fi 6）の規格では、使用する周波数帯は2.4GHz（ギガヘ

ルツ）、5GHz で、通信速度は最大で9.6Gbps（ギガビット／秒）である。また、通信可能距離は数10m 前後である。

● Bluetooth

　コンピュータと周辺機器だけではなく、スマートフォン、イヤホン、スピーカー、マウス、キーボードなどのデジタル機器間での無線通信規格の一つである。世界で仕様が統一されている標準規格であるため、Bluetooth 対応の機器であれば、どの国の製品でも通信が可能となる。

　Bluetooth で通信を行うにあたり、接続対象となる機器間でペアリングを行う必要がある。ペアリングは、電波の届く範囲にある機器を検索し、その中から対象となる機器を選択して登録する。機器のボタンを押したり、機器を指定するだけで登録が行える場合と、双方に同じ暗証番号などの入力が必要な場合がある。

　使用する周波数帯は2.4GHz、通信速度は最大で24Mbps（メガビット／秒）、通信可能距離は数m〜10m 程度である。

● NFC（Near Field Communication）

　近接させたデジタル機器や IC カードなどの間で、双方向にデータ通信が行える無線通信技術の総称、またはその標準規格である ISO/IEC 18092（NFC IP-1）や NFC フォーラム仕様などを指すものであり、**RFID** 技術の次世代標準規格である。

　交通機関の IC カード乗車券やカード型電子マネーなどの商業利用に加え、社員証、学生証などにも採用され、スマートフォンなどの携帯端末に内蔵されて、端末間の通信や電子マネー機能などにも用いられている。

　データ通信に使用する周波数帯は13.56MHz、通信速度は最大で424Kbps（キロビット／秒）であり、通信可能距離は最大10cm に限定されている。

Column　RFID（Radio Frequency Identification）

　電波を用いて RF タグや IC タグのデータを非接触で読み書きするシステムであり、電波が届く範囲であれば、離れた場所にタグがあっても読取りが可能となる。また、複数のタグをまとめて読み取ることができ、箱の中に隠れているタグや表面が汚れている場合でも、読取りが可能となる。

　RFID は、工場での組み立てラインやレンタル物品の管理、入荷検品、図書館での資料の貸出・返却や蔵書点検、不正帯出防止、店舗での顧客行動分析などに、広く用いられている。

マトリクス型二次元コードである QR（Quick Response）コードは、大容量の情報を小さなコードで表現することができ、数字・英字・漢字・カナ・記号バイナリ・制御コード等のデータを扱うことが可能である。このコードの読取りには、専用のアプリを利用するだけではなく、スマートフォンのカメラ機能を利用して接写することにより、手軽に読み取ることもできる。

QR コードは、誤り訂正機能を持っているため、コードの一部に多少の汚れや破損があってもデータの復元が可能である。そのため、物流管理や在庫管理などに利用されたり、施設へのチケットレス入場、Web ページの URL やサービス上の ID 情報などの告知、キャッシュレス決済など、幅広い分野で QR コードが利用されている。

2 通信回線速度の指標

インターネット回線は、サービスの品質を一定レベルで保証するかどうかによって、**ベストエフォート型**と**ギャランティ型**に大別される。また、ベストエフォートとギャランティの良い部分を併せ持ったハイブリッドタイプのバースト型もある。

・ベストエフォート型

ベストエフォートとは、「最善の努力、最大限努力する」という意味であり、通信分野においては、通信回線の最大通信速度を上限として、それに近づくよう最大限に努力した設計になっていることを指すものでる。

インターネットの通信速度は、通信回線事業者が提示する最大限のスピードである。これは、規格上の最大通信速度のことであり、実際の通信速度は回線の混み具合によって変動する。また、使用しているネットワーク機器の性能やケーブルの種類、OS の設定などによっても通信速度は異なってくる。

ベストエフォート型は、通信の品質を保証しないサービスであり、例えば、「1000Mbps ベストエフォート」という通信サービスの場合、0Mbps ～上限100Mbps の中でサービスを提供するというものである。一般的に、ギャランティ型よりも料金が低価格で設定されている。

・ギャランティ型

ギャランティとは、保証という意味であり、通信分野においては、指定の帯域を確保し、通信速度などの品質を保証してくれる回線を指すものである。

ギャランティ型は帯域保証型とも呼ばれ、契約時に一定の通信速度を保証し、それより大きく下回ることはないというサービスである。

第6章 データベースに関する知識

データベースやデータベース管理システムは、多くの情報システムで利用されているため、「Ⅲ－5　障害対策」などと合わせて理解するとよい。

第1節　データベース

データベースとは、コンピュータで集積されたデータを、構造化して整理したデータの集合体である。身近なものでは、アドレス帳や社員名簿などが該当する。

例えば、アドレス帳をデータベースとした場合、氏名・住所・メールアドレス・電話番号などの項目ごとにデータを整理して、項目ごとに検索したり、並べ替えを行ったりすることができる。このように、データの集合体を操作し、管理するソフトウェアを **DBMS**（DataBase Management System）という。

1　データベースの種類

主なデータベースの型式として、次の4つが挙げられる。

・**関係データベース**（RDB：Relational DataBase）

　リレーショナルデータベースとも呼ばれ、現在最も普及しているものである。データを行（**レコード**）と列（**フィールド**）で構成された二次元の表（**テーブル**）で表し、複数のテーブルに含まれる同じ属性を関連付けること（**リレーション**）ができ、データを柔軟に取り扱うことが可能となる。

　関係データベースのデータを操作するには、**SQL** などを利用する。

・**階層型データベース**（HDB：Hierarchical DataBase）

　データを階層的なツリー構造で親子関係を表し、単一の頂点（**ルート**）から枝分かれするようにデータが連なっている。なお、データの追加や削除を行った場合は、ルートを再登録する必要があるため、柔軟性に欠けるというデメリットがある。

・**網型データベース**（NDB：Network DataBase）

　ネットワーク型データベースとも呼ばれ、データを網の目の形で表し、データの冗長性を排除する仕組みとなっている。階層型データベースと比較すると、柔軟性が高い。

・オブジェクト指向データベース（OODB：Object-Oriented DataBase）

オブジェクト指向プログラミングにおけるオブジェクトの概念を取り入れたデータベースのことであり、データとデータへの手続きを一体化して扱う。

2 DBMS

DBMS（Database Management System）は**データベース管理システム**とも呼ばれ、データベースのデータを、ソフトウェアを経由して出力し、データの検索・追加・更新・削除などを効率的に行えるように管理する。また、複数のユーザからのアクセスを可能にし、データの共有や整合性を保つことなどを行う。

● DBMS の種類

DBMS には、データの記録形式によっていくつかの種類があり、現在最も普及しているのは **RDBMS**（Relational DBMS：関係データベース管理システム）である。代表的な製品として、Oracle 社の Oracle Database、Microsoft 社の SQL Server、IBM 社の Db2などがある。また、商用以外にも、OSS（オープンソースソフトウェア）の MySQL や PostgreSQL などもある。

● DBMS の機能

DBMS にはさまざまな機能があり、基本的な主な機能として、次のようなものが挙げられる。

・**データ管理**

データの整理と検索などが容易に行えるようにするため、データとメタデータを管理する。メタデータは、「データのためのデータ」ともいわれ、データに関する付帯情報が記録されているデータである。

・**データ操作**

データの検索・追加・更新・削除などの操作のクエリを処理する。クエリ（query）とは、データの検索などの処理を行うように求める命令文のことであり、クエリは SQL で記述される。

・**トランザクション管理**

トランザクション管理を行うことによって、データベースの一貫性と整合性を維持する。トランザクションとは、関連する処理やデータを一つの単位にまとめることである。

・**セキュリティ機能、制御機能**

データベースへのアクセスを制御し、データのセキュリティを確保す

る。データの消失を防ぐための保全機能や、暗号化などのデータの秘匿化による機密保護機能、同時編集の際に矛盾が生じないようにする排他制御などがある。

第2節　データベース設計

データベース設計では、データの分析や正規化を行う。また、データの関係を表すために、E-R図の作成を行う。

なお、ここでは、主に関係データベースに関する記述となる。

1　E-R図

E-R図（ERD：Entity Relationship Diagram）は、実態関連図やERダイアグラムなどとも呼ばれ、データベースの設計図のようなものであり、情報システムの扱う対象を、実体（entity：エンティティ）、関連（relationship：リレーションシップ）、属性（attribute：アトリビュート）の3要素でモデル化する、ERモデルを図式化したものである。

リレーションシップでは、関連に多重度（cardinality：カーディナリティ）を設定することができるものがある。カーディナリティとは、リレーションシップで結ばれた両エンティティの数（レコード）の関係のことであり、2つのエンティティの関連が一対一、一対多、多対多といった対応関係になっていることを表す。

E-R図を用いることによって、データベースの設計ミスや設計漏れを防ぐことができるようになり、運用後は保守や機能の追加などが行いやすくなるというメリットもある。

2　データ分析

データベース設計では、どのようなデータを格納するか、洗い出しを行い、分析を行う。データの分析では、正規化を行う。

●正規化

関係データベースの正規化は、ノーマライズ（normalize）などとも呼ばれ、テーブルの関連性を失うことなく、データの重複を排除し、データの整合性を取ることである。これによって、データの保守性の向上やデータの処理の高速化が図れるようになる。

正規化の段階には、第1正規化から第5正規化、ボイスコッド正規化がある。

【正規化の具体例】

　ここでは、簡単な表を使って、正規化前、第1正規化、第2正規化の具体例を示す。

※ここでの第1正規化と第2正規化を合わせて、第1正規化とする場合もある。

■正規化されていない表

受注管理表

伝票番号	受注日	顧客コード	顧客名	商品コード	商品名	単価	数量	小計
2301	2023/9/1	A01	〇×物産	12345	幕の内弁当	1,000	10	10,000
				12355	焼肉弁当	1,200	6	7,200
2302	2023/9/2	B02	△△商事	12355	焼肉弁当	1,200	10	12,000
				12444	中華弁当	1,150	5	5,750
				12555	SPランチ	1,400	10	14,000
2303	2023/9/4	C04	◇◇会社	12345	幕の内弁当	1,000	5	5,000
2304	2023/9/4	D05	□□会社	12555	SPランチ	1,400	3	4,200
				12444	中華弁当	1,150	4	4,600

■第1正規化

　・「受注管理表」の1つの項目に1つの値が格納されるようにする。

　・計算で求められる項目の「小計」を削除する。

受注管理表

伝票番号	受注日	顧客コード	顧客名	商品コード	商品名	単価	数量
2301	2023/9/1	A01	〇×物産	12345	幕の内弁当	1,000	10
2301	2023/9/1	A01	〇×物産	12355	焼肉弁当	1,200	6
2302	2023/9/2	B02	△△商事	12355	焼肉弁当	1,200	10
2302	2023/9/2	B02	△△商事	12444	中華弁当	1,150	5
2302	2023/9/2	B02	△△商事	12555	SPランチ	1,400	10
2303	2023/9/4	C04	◇◇会社	12345	幕の内弁当	1,000	5
2304	2023/9/4	D05	□□会社	12555	SPランチ	1,400	3
2304	2023/9/4	D05	□□会社	12444	中華弁当	1,150	4

■第2正規化

・「受注管理表」には、複数の商品コード・商品名・単価が存在している。この繰り返し部分については、商品コードに従属するため、「受注管理表」から分離する。

・分離した表を「商品管理表」として、重複を排除する。

受注管理表

伝票番号	受注日	顧客コード	顧客名	商品コード	数量
2301	2023/9/1	A01	〇×物産	12345	10
2301	2023/9/1	A01	〇×物産	12355	6
2302	2023/9/2	B02	△△商事	12355	10
2302	2023/9/2	B02	△△商事	12444	5
2302	2023/9/2	B02	△△商事	12555	10
2303	2023/9/4	C04	◇◇会社	12345	5
2304	2023/9/4	D05	□□会社	12555	3
2304	2023/9/4	D05	□□会社	12444	4

商品管理表

商品コード	商品名	単価
12345	幕の内弁当	1,000
12355	焼肉弁当	1,200
12444	中華弁当	1,150
12555	SPランチ	1,400

●主キー（primary key：プライマリキー）

　　関係データベースの表を作成する際は、1つの行を一意に区別するための値が必要となる。この値を持つ列が主キーであり、プライマリキーとも呼ばれる。

　　関係データベースでは、主キーは1つの列または複数の列で構成され、主キーによってそれぞれの行を一意に区別する。ただし、主キーは、1つの列で重複する値を持つことができない。前述の具体例では、第2正規化の「商品管理表」の商品コードの項目（列）が主キーに該当する。

第3節　データベース操作

　　関係データベースにおいては、データに対してさまざまな操作を行うことができる。

1　演算

　　関係データベースおける演算とは、表に関する操作のことであり、集合演算（和、差、積、直積）と関係演算（選択、射影、結合など）がある。

●集合演算

　・和

　　表Aと表Bのすべての行を合わせた表を作る。行の重複は排除する。

第1倉庫在庫テーブル

商品番号	商品名	単価
1234	ボールペン・赤	200
1235	ボールペン・青	200
1236	ボールペン・黒	200

第2倉庫在庫テーブル

商品番号	商品名	単価
1234	ボールペン・赤	200
1301	ペンケース	500
1412	クリップ	100
1523	定規	400

⬇

第1倉庫在庫と第2倉庫在庫の和

商品番号	商品名	単価
1234	ボールペン・赤	200
1235	ボールペン・青	200
1236	ボールペン・黒	200
1301	ペンケース	500
1412	クリップ	100
1523	定規	400

・差

表Aから、表Bと同じ行を取り除いた表を作る。

第1倉庫在庫テーブル

商品番号	商品名	単価
1234	ボールペン・赤	200
1235	ボールペン・青	200
1236	ボールペン・黒	200

第2倉庫在庫テーブル

商品番号	商品名	単価
1234	ボールペン・赤	200
1301	ペンケース	500
1412	クリップ	100
1523	定規	400

第1倉庫在庫と第2倉庫在庫の差

商品番号	商品名	単価
1235	ボールペン・青	200
1236	ボールペン・黒	200

・積

表Aと表Bの双方にある行のみの表を作る。

第1倉庫在庫テーブル

商品番号	商品名	単価
1234	ボールペン・赤	200
1235	ボールペン・青	200
1236	ボールペン・黒	200

第2倉庫在庫テーブル

商品番号	商品名	単価
1234	ボールペン・赤	200
1301	ペンケース	500
1412	クリップ	100
1523	定規	400

第1倉庫在庫と第2倉庫在庫の積

商品番号	商品名	単価
1234	ボールペン・赤	200

・直積

　表Aのすべての行と表Bのすべての行とを組み合わせた行で構成される表を作る。

第1倉庫在庫テーブル

商品番号	商品名	単価
1234	ボールペン・赤	200
1235	ボールペン・青	200
1236	ボールペン・黒	200

第2倉庫在庫テーブル

商品番号	商品名	単価
1234	ボールペン・赤	200
1301	ペンケース	500
1412	クリップ	100
1523	定規	400

第1倉庫在庫と第2倉庫在庫の直積

商品番号	商品名	単価	商品番号	商品名	単価
1234	ボールペン・赤	200	1234	ボールペン・赤	200
1234	ボールペン・赤	200	1301	ペンケース	500
1234	ボールペン・赤	200	1412	クリップ	100
1234	ボールペン・赤	200	1523	定規	400
1235	ボールペン・青	200	1234	ボールペン・赤	200
1235	ボールペン・青	200	1301	ペンケース	500
1235	ボールペン・青	200	1412	クリップ	100
1235	ボールペン・青	200	1523	定規	400
1236	ボールペン・黒	200	1234	ボールペン・赤	200
1236	ボールペン・黒	200	1301	ペンケース	500
1236	ボールペン・黒	200	1412	クリップ	100
1236	ボールペン・黒	200	1523	定規	400

● 関係演算

・選択

　表Aのすべての行の中から、指定した条件に当てはまる行のみを抽出する。

第3倉庫在庫テーブル

商品番号	商品名	単価
1234	ボールペン・赤	200
1235	ボールペン・青	200
1236	ボールペン・黒	200
1301	ペンケース	500
1412	クリップ	100

商品番号	商品名	単価
1301	ペンケース	500

条件：商品名が「ペンケース」である行

・射影

　表Aから、指定した列のみを取り出す。

第3倉庫在庫テーブル

商品番号	商品名	単価
1234	ボールペン・赤	200
1235	ボールペン・青	200
1236	ボールペン・黒	200
1301	ペンケース	500
1412	クリップ	100

商品番号	単価
1234	200
1235	200
1236	200
1301	500
1412	100

商品番号と単価の列を取り出す

・結合

共通する列の値を用いて、結合キーによって表Aと表Bを結び付けて表を作る。

出荷依頼伝票

出荷番号	商品番号	数量
23-123	1235	200
23-456	1236	150
23-789	1301	100

結合キー

第3倉庫在庫テーブル

商品番号	商品名	単価
1234	ボールペン・赤	200
1235	ボールペン・青	200
1236	ボールペン・黒	200
1301	ペンケース	500
1412	クリップ	100

出荷番号	商品番号	商品名	単価	数量
23-123	1235	ボールペン・青	200	200
23-456	1236	ボールペン・黒	200	150
23-789	1301	ペンケース	500	100

2 SQL

関係データベースにおいて、データを操作するには、データベース言語である SQL（Structured Query Language）を利用する。SQL には、DML、DDL、DCL の3つの言語がある。

● SQL の言語と命令文

・DML（Data Manipulation Language）：**データ操作言語**

データ検索、新規登録、データの更新・削除などを行うための、関係データベースを管理するための標準的な言語である。

検索や抽出をする SELECT 文、データの追加を行う INSERT 文、データの更新を行う UPDATE 文、データの削除を行う DELETE 文などが該当する。

・DDL（Data Definition Language）：**データ定義言語**

データの構造やデータの格納場所の定義などのために用いられる言語である。

データベースやテーブルなどの作成を行う CREATE 文、これらを削除する DROP 文、テーブル中のデータを全削除する TRUNCATE 文、これらの設定や構成に変更を加える ALTER 文などが該当する。

・DCL（Data Control Language）：**データ制御言語**

データの閲覧や登録・変更・削除などのアクセス制御、データベースの信頼性の保証などのために用いられる言語である。権限を与える GRANT 文や、権限を奪う REVOKE 文などが該当する。

● SQL の操作

前述のとおり、SQL にはさまざまな命令文があるが、ここでは SELECT 文

を用いて、次のテーブルに対するデータベースの操作の具体例を示す。

水道橋支店売上集計テーブル

区分番号	区分名	商品番号	商品名	売上数
k-12	ペン	1234	ボールペン・赤	350
k-12	ペン	1235	ボールペン・青	200
k-12	ペン	1236	ボールペン・黒	400
k-22	ノート	1601	A4ノート・罫	300
k-22	ノート	1602	A4ノート・無地	50
k-23	ファイル	1523	B5クリアファイル	40

・抽出の例（WHERE 句）

　　テーブルからデータを検索して抽出するには、SELECT 文を用いて、さらに抽出の条件を指定するには WHERE 句を用いる。

　　SELECT コマンドの書式は、次のとおりである。

```
SELECT 列名1, 列名2, …          ←抽出する列名
    FROM テーブル名1, テーブル名2, …   ←対象のテーブル名
        WHERE 条件                ←抽出条件
```

例：水道橋支店売上集計テーブルから、売上数が「300」以上の商品番号の列と商品名の列を抽出する。

SELECT 商品番号, 商品名

FROM 水道橋支店売上集計テーブル

WHERE ≧ 300

↓抽出結果↓

商品番号	商品名	売上数
1234	ボールペン・赤	350
1236	ボールペン・黒	400
1601	A4ノート・罫	300

・グループ関数を使った集計の例（GROUP BY 句）

　　SELECT コマンドで抽出した行数をカウントしたり、抽出した列の値を集計するなどの場合は、グループ関数を用いる。

　　主なグループ関数には、次のようなものがある。

【主なグループ関数】

関数名	概要
SUM	列の値の合計を求める
AVG	列の値の平均を求める
MAX	列内の最大値を求める
MIN	列内の最小値を求める
COUNT	行数を求める

SELECT コマンドの書式は、次のとおりである。

```
SELECT   列名1, 列名2, …          ←抽出する列名
  SUM（      ）                    ←関数名（集計する列名）
    FROM   テーブル名1, テーブル名2, …   ←対象のテーブル名
      GROUP BY   列名              ←グループ化する列名
```

例：水道橋支店売上集計テーブルから、区分番号の値をグループ化して売上数
　　の合計を求め、区分番号の列と区分名の列を抽出する。

SELECT 区分番号, 区分名

SUM（売上数）

FROM 水道橋支店売上集計テーブル

GROUP BY 区分番号

↓抽出・集計結果↓

区分番号	区分名	売上数
k-12	ペン	950
k-22	ノート	350
k-23	ファイル	40

Column　No SQL（Not only SQL）

　非リレーショナルデータベースなどとも呼ばれ、SQL を用いず、また、関係モデルに基づかずに構築された DBMS の総称である。

　No SQL は、ビッグデータ（Ⅳ-7-2参照）などの大容量の情報を扱うのに適しており、代表的な方式として、標識（key）と内容（value）を1対1に対応付けて保存する KVS（Key-Value Store：キーバリューストア）や、ドキュメント指向の Document DB などが挙げられる。

第**7**章 ICT・IoT などに関する知識

　ICT・IoT は、情報や通信に関連する技術であり、ネットワークシステムや情報システムなどと広く関りをもつ。

　また、IoT の活用により、ネットワーク上の IoT 機器から膨大なデータ（ビッグデータ）を収集することができるようになり、AI（人工知能）における**機械学習**には、**ビッグデータ**が必要となる。これらは、相互に活用し合う関係ともいえる。

第 1 節　ICT と IoT

　ICT と IoT は、ネットワークを通じて情報を伝達するという点が共通しているが、両者の大きな違いは「モノの関りがあるかどうか」という点である。

　しかし、相互に関連していることから、これらを厳密に分けることができないため、本章では、IT という大きな括りでの技術や知識などを取り上げることとする。

● IT（Information Technology）

　　情報技術のことであり、コンピュータやスマートフォンなどの通信端末、周辺機器、及びそれらの内部で動作するソフトウェアなどを用いて情報を扱う技術全般を指す。

　　IT は、広い概念での意味を持つものであり、IT の中に ICT と IoT が含まれている。

● ICT（Information and Communication Technology）

　　情報通信技術のことであり、「人と人をつなぐ情報通信技術」全般を指し、情報システムやインターネット上でのサービスなどの総称である。

　　IT と同義で使われることもあるが、「Communication」が含まれることから、デジタル通信を前提とするさまざまな技術という意味合いで用いられる場合もある。具体的には、メールや SNS などのコミュニケーションツール、チャットツール、オンライン会議や Web セミナー、e コマースなど、さまざまなものがある。

● IoT（Internet of Things）

「モノのインターネット」のことであり、あらゆるモノがインターネットを通じて接続され、モノとモノ、人とモノをインターネットでつなげる技術全般を指す。

具体的には、テレビやエアコンなどの家電を外出先からコントロールすることや、ウェアラブルデバイスで得た情報をスマートフォンが収集すること、病院や自宅にある医療機器がインターネットで接続することなど、さまざまな場面で活用され、日常生活と密接に結びついてる。

Column デジタルデバイド、情報リテラシ

デジタルデバイド（digital divide）とは、コンピュータやインターネットを使いこなせる者とそうでない者の間に生じる格差のことである。この「格差」とは、入手できる情報の量や質の差であり、「情報格差」を指すものである。個人と個人の間だけではなく、地域間や国家間の格差を指す場合もある。

この格差を解消する方法の一つとして、ICT の活用が挙げられる。例えば、シニア層に対する ICT の活用支援や、教育現場での ICT スキル向上のプログラムの充実などがある。

さらに、ICT の活用には、**情報リテラシ**の向上も必要となる。情報リテラシとは、情報を正しく活用できる能力であり、情報リテラシが不足していると、デマ情報を鵜呑みにしたり、SNS の不適切な利用、オンラインショップでの詐欺被害、安易なクリックによるマルウェア感染など、さまざまな問題が生じることとなる。

1 IoT デバイス

IoT デバイスは、IoT に接続するための機器であり、さまざまな場面で利用され、機器同士がネットワークに繋がり、相互に通信して情報のやり取りを行っている。

● IoT デバイスの種類

IoT デバイスには、さまざまな種類があり、IoT デバイスという明確な定義はなく、広範囲で用いられているものである。

身近な IoT デバイスとして、スマートフォンやタブレットなどのモバイルデバイス、スマートウォッチやスマートグラスなどのウェアラブルデバイス、スマートスピーカーなどのスマート家電、監視カメラや監視センサーなど、さまざまなものが該当する。

広い範囲では、スマートビル、スマートファクトリー、スマートカー、スマートシティなどにおいても IoT デバイスは活用され、自動化、制御、集中管理などを、人間の手作業を必要とせずに行っている。

Ⅳ コンピュータの一般知識

Column エンベデッドシステム（embedded system）

　組込みシステムとも呼ばれ、家電製品や産業機器、乗り物などに内蔵されている、特定の機能を処理するマイクロコンピュータシステムである。

　デジタルカメラ、プリンタなどの情報機器だけではなく、テレビや洗濯機、炊飯器などの家電製品、自動販売機、券売機など、身の回りの機器には、何らかの組込みシステムが搭載されているといえる。

● **IoT デバイスの活用分野**

　IoT デバイスは、いたるところで活用されている。

　身近なところでは、GPS センサーをスマートフォンと連携させ、マップ機能として利用したり、スマートフォンとスマートウォッチを連携させて心拍数や歩行距離などを記録して、日々の健康管理に役立てたりする。

　また、医療分野では、IoT デバイスを利用して遠隔治療を行ったり、セキュリティ分野では、監視カメラに AI 機能を搭載することによって、特定の人物を探す作業が効率化できる。

第2節　データ分析

　ビッグデータなどの蓄積された膨大なデータは、保管するだけではなく、分析することによって有効活用ができるようになる。そのための技術として、データマートやデータマイニングなどがある。

1　ビッグデータ

　ビッグデータは、巨大なデータ群のことであり、明確な定義づけはされていないが、総務省は「平成29年版　情報通信白書」において、ビッグデータを、次のように示している。

> デジタル化の更なる進展やネットワークの高度化、また、スマートフォンやセンサー等 IoT 関連機器の小型化・低コスト化による IoT の進展により、スマートフォン等を通じた位置情報や行動履歴、インターネットやテレビでの視聴・消費行動等に関する情報、また小型化したセンサー等から得られる膨大なデータ

　また、ビッグデータを特徴づけるものとして、「**3つの V**」という概念がある。これは、Variety・Velocity・Volume の3つの頭文字をとったものである。また、最近では、これらに Veracity・Value を加えて、「**5つの V**」と呼ばれることもある。

・Variety：多様性

　　コンピュータで扱われていた構造化されたデータだけではなく、音声・動画データ、テキストデータ、メールデータ、ログファイル、位置情報、センサー情報、SNSの情報など、さまざまな種類の半構造化データや非構造化データも含まれる。

・Velocity：頻度・スピード

　　交通系ICカードからの乗車履歴データや、コンビニで発生するPOSデータなどを、リアルタイムで収集・蓄積・分析するデータ活用に対して、スピードが求められる。

・Volume：データ量

　　構造化データや非構造化データなど、大容量のさまざまなデータを取り扱い、生成・収集・蓄積・分析できる膨大な量のデータから、新たな価値を生み出す。

・Veracity：真実性・正確性

　　SNSでのフェイクニュースやデマ情報、ノイズデータなどを的確に排除し、データの正確性を担保して、正しい情報を導き出す。

・Value（価値）

　　データを分析・活用することにより、社会的な問題の解決や、経済的な価値を生み出すなど、新たな価値を生み出す。

Column POS（Point-of-Sale、Point Of Sales system：ポス）

販売時点情報管理とも呼ばれ、POSシステムとも呼ばれる場合もある。
　スーパーやコンビニなどの小売店で、商品の販売と同時に商品名・数量・金額などをレジに設置しているバーコードリーダなどで読み取り、情報を多角的に分析して経営活動に役立てる仕組みである。

2　データウェアハウス

　ビッグデータは、さまざまな情報システムから生成され、これらの情報を分析するためには、膨大なデータを集約する必要がある。その役割を担っているのが**データウェアハウス**である。

　データを分析する技術などには、次のようなものがある。

・**データウェアハウス**（DWH：data warehouse）

　　企業などで、時系列のデータを大量に保管したデータベースであり、業務上発生または取得した情報を一箇所に集めて蓄積した構造化データである。

また、そのようなシステムを構築・運用するためのソフトウェアや、集めたデータをもとにした意思決定システムを指す場合もある。

・データマート

　企業等が構築したデータウェアハウスから、特定の目的に合わせ、業務に関するデータを企業内で部門ごとにまとめたデータベースである。必要な情報のみを保管するため、データウェアハウスと比較すると、情報の取り出しが速く、分析がしやすいという特徴をもつ。

・データマイニング

　情報システムに蓄積された巨大なデータの集合を、コンピュータによって統計学的・数学的手法で分析し、これまで知られていなかった規則性や傾向、因果関係などの新たな知見を得ること、またはそのような技術を指す。

　機械学習と組み合わせることで、AI にデータマイニングを行わせる手法もあり、人間では気付けなかったデータの法則などを発見できる場合がある。

・データディクショナリ

　大規模な情報システムにおいて、データ項目の種類・名称・意味、所在、データ型などをまとめた辞書であり、データの整合性や一貫性を保つための、データ定義を標準化する役割も持っている。

・データレイク

　データの解析や活用を行うために、データの規模や形式などによらず、さまざまなデータを集めて、未加工の状態で蓄積したデータベースであり、非構造化データもそのままの形で格納することができる。

　データレイクによって、企業内のデータをすべて集約し、必要なタイミングで有効活用できることから、保有しているデータを最大限活用することを目的として、データレイクを導入するケースが増えている。

第3節　Web サービス

　Web サービスとは、インターネットなどのネットワーク上で提供されるサービス全般を指すものであり、ユーザが Web ブラウザを介してサーバから情報を取得してサービスを利用し、システムと人間の間でやりとりが発生する。

1　Web サービスの種類

　Web サービスにはさまざまなものがあり、その代表的なものとして、次のようなものが挙げられる。

- コミュニケーションサービス

  Gmail や Yahoo！メールや、Instagram、Facebook などの SNS（Social Networking Service）など

- ショッピングサービス

  EC サイト（オンラインモール）などを利用した、オンラインでのショッピングサービスなど

- 決済サービス

  クレジットカード決済やデビットカード決済、電子マネー決済など

- 情報提供サービス

  ニュースや天気予報、レジャー情報、料理レシピなど、特定の分野に特化したサイトや Web メディア、それらのサイトを表示する Web ブラウザなど

- マッチングサービス

  就職・転職サイトや、結婚相談、フリーマーケットなど

- サブスクリプションサービス

  料金を支払うことでサービスを一定期間利用できる、動画配信サービスや音楽配信サービスなど

- オンライン会議サービス

  Zoom や Microsoft Teams などを利用した、オンライン会議やオンラインセミナー、オンラインでの面接など

- ストレージサービス

  Dropbox、iCloud などの、インターネット上でのデータの保管場所の提供や、データの受渡しサービスなど

- 業務効率化サービス

  名刺の一元管理や書類のペーパレス化、Chatwork や Slack などのコミュニケーションツール、RPA、プロジェクト管理など

Column　RPA（Robotic Process Automation）

RPA ツールと呼ばれるソフトウェアによる自動的な操作によって、業務などでのルーチンワーク（繰り返し行う定型的な作業）を実行する仕組み、またはそのような技術を指す。

例えば、データの入力やコピー、定型的な書類や帳票の作成などを代行する。RPA を導入することよって、業務効率の向上や生産性の向上を図ることができるようになる。

2 トリプルメディア

　トリプルメディアは、Web サービスにおける「情報提供サービス」の Web メディアの一つであり、企業とユーザ（顧客・消費者など）との接点となる Web メディアを、次の3つに分類した考え方である。

●オウンドメディア（Owned Media）

　「Owned」＝所有することであり、自社で所有しているメディアのことを指すものである。主に、見込客などに向けた情報提供を行う。

　オウンドメディアを活用した手法として、自社サイトやブログなどがあり、オンライン以外でも、店舗に置くポスターやパンフレットも広義の意味でオウンドメディアの一例として扱われるケースもある。

　オウンドメディアは、発信する内容やデザインなどは自由にコントロールでき、戦略に合わせた情報発信ができるが、その結果を得られるまでに時間がかかる場合がある。

●アーンドメディア（Earned Media）

　「Earned」＝得る、受けることであり、企業などが直接情報発信するのではなく、ブログや口コミサイトなどの SNS のユーザが中心となって情報発信する。

　企業などがアーンドメディアを活用する目的として、ユーザとコミニケションが取れることや、ユーザからのリアルな意見を収集できることなどが挙げられる。

　アーンドメディアは、SNS を利用すると費用は発生せず、ユーザ数の多い SNS は情報の拡散が期待でき、情報の拡散が速いが、企業側で情報をコントロールできないため、否定的な意見が集まったり、投稿により「炎上」する場合もある。

●ペイドメディア（Paid Media）

　「Paid」＝お金を払うことであり、金銭等で購入することやサービスを受けられることができるメディアのこと指すものである。さまざまなメディアを利用し、不特定多数のユーザにアプローチする。

　利用するメディアは、インターネット広告だけではなく、テレビやラジオ、新聞雑誌などのメディアなどであり、広告枠の単価と期間に応じた費用が発生する。

　ペイドメディアは、短期間で多くの潜在層にもアピールできるが、金銭的コスト（広告費）がかかり、ターゲットを明確に設定しないとその効果を得にくい場合がある。

3 EC（Electronic Commerce：e コマース）

　電子商取引とも呼ばれ、広義では、ネットワークやコンピュータなどの電子的な手段によって行う商取引の総称、狭義では、インターネット上で行われる物やサービスの取り引きを指す。

　取引の主体や形態によって、次のように分類される。

・**B2C**（Business to Consumer）

　企業と消費者間との取引であり、EC サイトやオンラインモール、オンラインチケットの販売、施設のオンライン予約などが該当する。

・**B2B**（Business to Business）

　企業と企業との取引であり、ネット広告や EDI（電子データ交換）などが該当し、メーカとサプライヤー、卸売業者と小売業者、元請け業者と下請け業者などの取引形態がある。

・**C2C**（Consumer to Consumer）

　消費者と消費者との取引であり、ネットオークションやフリマアプリでの取引などが該当する。

・**B2E**（Business-to-Employee）

　企業や提携事業者と、従業員との商取引などであり、社内食堂や社内での物品販売などが該当する。

第4節　AI とクロスリアリティ

　AI は人工知能のことであり、さまざまな分野で活用され、VR などのクロスリアリティの技術にも、AI は必要不可欠である。

1 AI

　AI（Artificial Intelligence）は明確な定義づけはされていないが、一般的には、人が実現するさまざまな知覚や知性を人工的に再現するものであり、人間の言葉の理解や認識、推論などの知的行動をコンピュータに行わせる技術などを指すも

のである。

　また、人工知能の研究において、最も有力な手法の一つとして**機械学習**があり、機械学習における代表的な手法が**深層学習**である。

・**機械学習**（ML：Machine Learning）

　マシンラーニングとも呼ばれ、マシン（コンピュータ）が繰り返し学習し、データに内在するルールやパターンを発見する分析方法である。

・**深層学習**（deep learning）

　ディープラーニングとも呼ばれ、ニューラルネットワークを用いて、より高度な分析を可能にする学習方法である。コンピュータ自身が膨大なデータ（ビッグデータ）を読み解き、そこに内在しているルールや相関関係などの特徴を発見し、自律的に「意味」や「概念」を導き出していく。

　この手法によって、学習が難しいとされてきた画像や自然言語などの非構造化データも学習できるようになる。

・**ニューラルネットワーク**（NN：Neural Network）

　人間の脳の働きを、コンピュータ上で模倣したものである。ニューラルネットワークは、入力が行われる「入力層」、中間にある「隠れ層（中間層）」、出力が行われる「出力層」から構成され、それぞれの層に重み付けをして、情報を処理していく。

・**自然言語処理**（NLP：Natural Language Processing）

　自然言語処理とは、人間の言語に対して、コンピュータが意味の解析を行うための処理の総称である。大量のテキストデータの解析や非構造化データを処理することができ、機械翻訳や音声認識、文字認識（AI-OCR）などに用いられている。

　また、自然言語処理のうち、膨大なデータから深層学習を用いて構築された言語モデルを、**大規模言語モデル**（LLM：Large Language Models）という。代表的な技術として **ChatGPT**（Chat Generative Pre-trained Transformer：文章生成モデル）があり、これによって自然な質疑応答や、あたかも人間が書いたような文書生成が可能となっている。

2　クロスリアリティ

　クロスリアリティ（XR）は、現実空間と仮想空間を融合することで、現実にはないものを知覚できる技術であり、VR・AR・MR などの先端技術の総称である。

・VR（Virtual Reality）

　仮想現実のことであり、CG や360度カメラによって作成された全方位の映像を、専用のヘッドマウントディスプレイや専用ゴーグルなどを装着して見聞きすることができ、その世界に入り込んだような体感ができる技術である。

・AR（Augmented Reality）

　拡張現実のことであり、現実空間の風景にさまざまな情報を付け加え、仮想空間を重ね合わせて体験できる技術である。例えば、店舗のレイアウトをスマートフォンの画面に再現する AR ショッピングなどの技術があり、この技術をオンラインストアに導入する企業も増えている。

・MR（Mixed Reality）

　複合現実のことであり、AR をさらに拡張し、現実空間と仮想空間をより密接に複合する技術である。装着したスマートグラスなどによって、実際にはその場所にないものを現実空間と仮想の空間を重ね合わせて複合現実し、自由な位置や角度から体感できる。

・**デジタルツイン**（digital twin）

　IoT や AI・AR などの技術を用いて、仮想空間に物理空間の環境を再現する技術であり、現実空間のリアルタイムでの監視やシミュレーションができる。さらに、シミュレーション結果を分析することによって、将来起こる変化にいち早く対応することが可能となる。

　例えば、災害に関するデータの時系列的な変化を蓄積して、デジタルツインで再現し、台風発生時に浸水が想定される地域を割り出すことによって、効果的な災害対策を可能にしている。

索　　引

索 引

著者紹介

佐藤京子（さとう きょうこ）
プライバシーマーク審査員。IT系の講師、IT書籍の執筆や編集等のキャリアを活かし、フリーランスとして、IT・情報セキュリティ等のスキル評価のプロデュース、セミナーの講師、資格系書籍の執筆や教材作成等を行う。

〔主な著書〕
「コンピュータ資格ガイドブック」（ローカス）
「企業情報認定試験公式テキスト」（共著／日本能率協会マネジメントセンター）
「企業危機管理士認定試験学習テキスト」（共著／マイナビ出版）　ほか

情報セキュリティ管理士認定試験　公認テキスト

2024 年 4 月 8 日　初版第 1 刷発行

著　者　　佐藤京子

編　者　　一般財団法人 全日本情報学習振興協会

発行者　　牧野常夫

発行所　　一般財団法人 全日本情報学習振興協会

〒 101-0061　東京都千代田区神田三崎町 3-7-12
清話会ビル 5F
TEL：03-5276-6665

販売元　　株式会社 マイナビ出版

〒 101-0003　東京都千代田区一ツ橋 2-6-3
一ツ橋ビル 2F
TEL：0480-38-6872（注文専用ダイヤル）
03-3556-2731（販売部）
URL：http://book.mynavi.jp

DTP・印刷・製本　　大日本法令印刷株式会社